DAS DEUTSCHE FAMILIENALBUM

Lizenzausgabe für Manfred Pawlak
Verlagsgesellschaft mbH, Herrsching, mit Genehmigung des Verlags Fritz Molden, Wien – München – Zürich

Schutzumschlag: Zembsch'Werkstatt GmbH, München
Lektor: Leo Mazakarini
Technischer Betreuer: Herbert Wagner
Schrift: Garamond-Antiqua
Satz: Filmzentrum Deutsch Wagram
Druck: Druckerei Uhl, Radolfzell am Bodensee
ISBN 3-88199-031-3

FRANZ HUBMANN

DAS DEUTSCHE FAMILIENALBUM

DIE WELT VON GESTERN IN ALTEN PHOTOGRAPHIEN

VON DER ROMANTIK ZUM ZWEITEN KAISERREICH

TEXTE
VON JANKO MUSULIN

MANFRED PAWLAK VERLAGSGESELLSCHAFT MBH, HERRSCHING

INHALT

Im Jahr 1839 schenkte Frankreich der Welt die großartige Erfindung zweier Männer, die eben die Welt, indem sie sie bildhaft festhielt, veränderte. Im ersten Vertrag heißt es, höflich und bescheiden, sie ermögliche: „Abbilder der Natur festzuhalten, ohne die Mitwirkung eines Künstlers in Anspruch zu nehmen." In der Tat. Wenn sich auch die Bediener des dazu notwendigen Apparats später zu Künstlern entwickelten. Wenige Jahre danach wurden auch in Deutschland und in anderen Ländern schon Bilder nach dem Verfahren von Daguerre und Niepce hergestellt.

Es war die Zeit der großen Erfindungen, Entdeckungen, Nutzbarmachungen. Mit der Schlacht von Waterloo war das napoleonische Zeitalter zu Ende gegangen, mit dem im Grunde die „Ära der Weltkriege" begonnen hat. Revolutionen, Umstürze, Volkskriege und Feldzüge hatten die Welt in einem Zustand außerordentlicher politischer Ermattung zurückgelassen; sie machte den Eindruck eines Patienten, der allmählich aus der Narkose erwacht, sich dunkel an Krankheit und schwere, blutige Eingriffe erinnert, im übrigen aber nur den einen Wunsch hat: möglichst bald nach Hause entlassen zu werden. Der Mann, der in weiten Teilen Europas Napoleon als Namensgeber einer Epoche ablöste, war – eine Witzblattfigur, war der Dorfschulmeister Friedrich Sauter, alias Gottlieb Biedermeier. Dieser Friedrich Sauter hatte ein Buch veröffentlicht: „Die sämtlichen Gedichte des alten Dorfschullehrers Friedrich Sauter, welcher anfänglich in Flehingen, dann in Zaishausen war und als Pensionär wieder in Flehingen wohnt."

Womit, in einer Zeit großer Turbulenz, die Dinge sozusagen wieder ins Lot gerückt waren. Auf der Titelseite ist noch vermerkt: „Auf Kosten des Verfassers. Karlsruhe, in Comission bei Creuzbauer und Hasper, 1845." Sauter war ein Bruder im Geiste der Friederike Kempner, deren Poesie ebenfalls einen ungewollt komischen Eindruck macht. Sein Entdecker, Professor Kußmaul, Erfinder des zu Magenspülungen verwendeten „Kußmaul'schen Schlauches", hat attestiert, daß ihm die Natur „Gift und Stachel" versagt hatte. Er hat sich trotzdem mit vielen Dingen beschäftigt: Mit der Völkerschlacht bei Leipzig: „Leipzig, achtzehnter Oktober", schrieb er in das „Zeitbuch mit Zinnober"; mit den Mühseligkeiten und Entbehrungen des Witwenstandes: „Einsam schlafen, nichts daneben, nichts vom gleichen Fleisch und Bein"; mit Atmosphärischem: „Es steht ein Wetter grad über der Erd', wenn's nur ins Württemberg'sche fährt!" – und manchmal ist ihm wohl auch etwas Dichterisches unterlaufen – der von Beethoven und Schubert vertonte „Wachtelruf" stammt in dieser Form von ihm. Aber nicht die wenigen guten Zeilen, die ihm gelungen sein mögen, haben ihn berühmt gemacht, sondern seine manchmal etwas verfremdeten und veralberten Gedichte in den damals noch taufrischen „Fliegenden Blättern" – Gedichte, die zwischen 1855 und 1857 unter dem Pseudonym „Gottlieb Biedermeier" erschienen.

Im Grunde muß man freilich dem alten Dorfschullehrer dankbar sein, daß wir über sein Pseudonym verfügen können, denn es läßt sich schwer eine andere Gestalt denken, auch in deutschen Landen nicht, die an seine Stelle hätte treten können. Metternich etwa? Der Rheinländer, der von Wien aus Europa zu regieren versuchte... Er ist 1848 nach England gegangen, sein Einfluß war zu Ende; man würde damit jenen Vorschub leisten, die das Biedermeier in jenem Jahr beenden wollen. War denn etwa die Revolution erfolgreich gewesen? Hatte nicht das *Ancien régime*, sich später sehr allmählich konstitutionalisierend, noch einmal gesiegt, damit der alten Zeit, dem Biedermeier, noch ein Stückchen Leben verschaffend? Gab es nicht auch nach 48 den uns vertrauten Stil, bürgerliche Behaglichkeit und – politische Gefängnisse? In einem solchen wurde etwa die Idee zur „Gartenlaube" geboren, 1852. Erst die preußisch-österreichische Auseinandersetzung um Deutschland und die ihr so rasch folgende Gründung des Zweiten Kaiserreiches hat eine endgültige Wende herbeigeführt; in Stil, Ansichten, Lebensgewohnheiten und Aussichten. Metternich also nicht. Aber wer dann? Hegel etwa, der preußische Staatsphilosoph, christlich-protestantisch, zu seiner Lebenszeit ein Anhänger von Gehorsam und Disziplin, der das Gefühl hatte, „die Herrlichkeit eines Jahrtausends" mit sich ins Grab zu nehmen, der nach seinem Tod zu einem Vorbereiter der Revolution wurde, angeführt von seinen Jüngern, die mit Gott gebrochen hatten? Es scheiterte an einer paradoxen Situation.

Heinrich Heine etwa, von dem Golo Mann gesagt hat: „Wer sich mit moderner deutscher Geschichte befaßt, der muß sein Wesen und Denken so gut es geht zu beschreiben versuchen." Niemand hat so klar wie er Grundzüge seiner Zeit verstanden.

Das Verlangen nach materieller Besserstellung:

„Ein schweigender Stockfisch, in Butter gesotten,
Behagt den radikalen Rotten
Viel besser als ein Mirabeau
Und alle Redner seit Cicero. –

Die deutsche Ambivalenz zur Revolution:

„Der Deutsche wird die Majestät
Behandeln stets mit Pietät.
In einer sechsspännigen Hofkarrosse
Schwarz panaschiert und beflort die Rosse,
Hoch auf dem Bock mit der Trauerpeitsche
Der weinende Kutscher – so wird der deutsche
Monarch einst nach dem Richtplatz kutschiert
Und untertänigst guillotiniert."

Heine wußte um die Gefahren des Nationalismus, fürchtete das Losbrechen des germanischen Thor, der mit seinem Hammer die gotischen Dome zertrümmern würde,

„Aber wir verstehen uns baß,
Wir Germanen auf den Haß."

Nur daß er sich mit den diagnostizierten Krankheiten so gar nicht identifizieren wollte, ja sogar vor den herbeigesehnten Gesundheiten ein wenig Angst hatte:

„Ach, es ist vielleicht das letzte
Freie Waldlied der Romantik!
In des Tages Brand – und Schlachtlärm
Wird es kümmerlich verhallen."

Bliebe als vielleicht letzte große Figur jener Landsmann in Paris, den Heine als den „entschiedensten und geistreichsten" bezeichnet hat: Dr. Marx. Er hatte sicherlich Einfluß, lehrte, wirkte, gewann Anhänger ... aber wer möchte den Vormärz, wer auch die Zeit nach 1848 heute als „marxistisch" bezeichnen?

Also Biedermeier unumstritten und bis über das Jahr 1848 hinaus; wer es leugnet, muß sich mit dem nicht allzu fruchtbaren und obendrein schwer auszusprechenden „eklektizistischen

Stilvakuum" der zweiten Hälfte des neunzehnten Jahrhunderts abfinden. Geschichtlich wird manchmal noch eine Zäsur angebracht: Die Zeit zwischen 1815 und 1830, der eigentliche Vormärz, und der unruhige, gärende Vormärz, der zur Revolution oder zu den Revolutiönchen des Jahres 48 führte: Viel Staat ist damit nicht zu machen, aber es sei angeführt.

Die Revolution des Jahres 1848 war ein großer Augenblick, in dem viele Fragen gestellt und wenige beantwortet wurden, in dem manches noch nicht verhärtet war und hätte gelöst werden können. Aber es war nicht der Zar von Rußland und noch weniger der König von England, an denen die Revolution, an denen die Paulskirche gescheitert sind, wie manchmal behauptet wird: es war die mangelnde politische Erfahrung der in der Paulskirche versammelten gelehrten Herren, die fehlende Erkenntnis, daß man nicht endlos und alles überlegen und erwägen kann, vielmehr ein kleines realisierbares Programm in Angriff nehmen mußte, rasch und unverzüglich; es auch verteidigen mußte und sich zu überlegen hatte, wie es denn verteidigt werden könnte. Als es soweit war und man sich auf eine Reichsverfassung geeinigt hatte, waren die alten Regime längst konsolidiert, ließ der König von Preußen marschieren – „Gegen Demokraten helfen nur Soldaten, Adieu!" – und der von Württemberg das Rumpfparlament durch berittene Polizei auseinanderjagen. Die in der Paulskirche geführten Diskussionen aber hatten einen Katalog jener Schwierigkeiten ergeben, mit denen sich eine freiere Welt morgen oder übermorgen doch auseinandersetzen würde, Schwierigkeiten, die man begrüßte oder gar mit Tugenden verwechselte: „Denn woher stammt dies Geschrei von Nationalität, dies Voranstellen von einheimischer Sprach- und Altertumswissenschaft anders als von den deutschen Lehrkanzeln, auf denen gelehrte Toren den Geist einer ruhigen, verständigen Nation bis zum Wahnsinn und Verbrechen gesteigert haben", stellte Grillparzer bitter fest.

Die Zeit zwischen Paulskirche und Königgrätz-Sedan, dem Kommunistischen Manifest und dem Ende des Deutschen Bundes sowie der Errichtung des Hohenzollern-Kaiserreiches ist eine Zeit ohne rechten Namen: auslaufendes Biedermeier – Industrielle Revolution – Gründerzeit; es kommt freilich weniger auf den Namen an als auf das, was geschah, vorging, sich veränderte. Das freilich war ungeheuer. Das Potential der Möglichkeiten war angewachsen: Bahnen wurden gebaut, erschlossen das Land, Stahlwerke gegründet, ruinierte Bauern zogen in die Stadt und wurden Proletarier, Fabrikanten erwarben sagenhafte Vermögen, ein Geschlecht war, ähnlich wie nach 1945, herangewachsen, das auf materielle Besserstellung allergrößten Wert legte, auf materielle Ergebnisse pochte. Um die Zeit der Paulskirche hatte Varnhagen von Ense auf diesen neuen Menschenschlag hingewiesen: auf ein Geschlecht, „das alle idealen Bestrebungen vergessend oder gar ihnen feindlich, dreist und roh auf das rohe Wirkliche hinstürmt und bald nichts wird gelten lassen, als was die äußeren Bedürfnisse und Genüsse betrifft." Sie beherrschen nicht das Bild; noch sieht man unter den Menschen das Einfältig-Liebenswerte der Bauern, die Abwesenheit, Verträumtheit romantischer Züge sowie das Soldatisch-Aristokratische. Aber es gibt wohl keinen Zweifel, daß sie es waren, die die industrielle Basis der militärischen Erfolge von 1866 und 1871 schufen und das wilhelminische Deutschland zur wirtschaftlichen Vormacht Europas ausbauten.

„Zwischen dem Krieg von 1870/71, der den Grundstein zum Deutschen Kaiserreich legte, und dem Ersten Weltkrieg erstreckte sich eine Periode, die man die Periode des europäischen Gleichgewichts nennen kann", heißt es in dem Werk „Durchbruch zum 20. Jahrhundert" und in vielen anderen Büchern zum selben Thema. Es ist aber höchst fraglich, ob diese Aussage stimmt, ob wir es tatsächlich mit einem „balance of power-System" zu tun hatten, wie es etwa im siebzehnten und achtzehnten Jahrhundert tatsächlich funktioniert hat. Häufig wird dabei übersehen, daß dieses System nur durch Kriege aufrecht erhalten wurde, die der Methode und Zielsetzung nach freilich begrenzt waren. Nicht der Zerstörung oder Auslöschung des Gegners galt die soldatische Kunst, nur eine Schwächung war bezweckt; der Geschwächte konnte unter Umständen ohne Zeitverlust oder ideologische Bitterheit wieder zum Partner werden. In England hatte man sich schon während der Kriege gegen Napoleon den Kopf zerbrochen, wie man nach der Besiegung des Korsen das europäische Gleichgewicht wiederherstellen, den russischen Einfluß zurückdämmen könnte. In London ging man dabei von einer „mechanischen Gleichgewichtsvorstellung" aus, die darin bestand, die beiden Staaten Österreich und Preußen noch stärker werden zu lassen, und zwar so, daß sie sich in Mitteleuropa die Balance hielten, sich aber im Falle einer russischen Bedrohung verbündet hätten zur Wehr setzen können. Talleyrand propagierte demgegenüber eine differenzierte Vorstellung: „Das allgemeine europäische Gleichgewicht kann sich nicht aus einzelnen Elementen zusammensetzen, es kann sich nur um ein System regionalen Gleichgewichts handeln. Eine absolute Kräftegleichheit zwischen allen Staaten kann nicht nur nicht existieren, sondern ist auch für das politische Gleichgewicht in gewisser Beziehung sogar schädlich. Dieses Gleichgewicht besteht in dem Verhältnis zwischen der *Kraft des Widerstandes* und der *Kraft des Angriffs*."

Die erste Eigenschaft billigte der Franzose dabei Österreich zu, die zweite in erster Linie

Preußen, nach ihm Rußland. Man trat dann, im Zeichen der „Kongresse“ und wenig blutigen Interventionen, in ein anderes politisches System ein, das der „Heiligen Allianz“, das eine Weile die europäischen Angelegenheiten repressiv, effektiv und ohne Krieg führte. Es hatte aber einen Schönheitsfehler, der zu seinem Untergang beitrug: Die Nichtbeteiligung Englands, das mit dem Übergang von Castlereagh zu Canning eine immer schärfere ligafeindliche Politik führte. Das Liga-System hatte zweifelsohne Fehler: man konnte nicht alles so halten, wie es war, jeder politischen Veränderung entgegentreten, alles vereisen. Metternich selbst hat, nach 1830, an seiner Anwendbarkeit gezweifelt: „Die Liga ist nur noch ein Trugbild, eine tote Formel, die zuweilen zitiert und zu persönlichen Zwecken benutzt wird.“

Was an ihre Stelle trat, war das „Konzert der Mächte“; es hatte Erfolg, etwa den Berliner Kongreß von 1878, den Bismarck als „ehrlicher Makler“ präsidierte, Erfolg dort, wo nur periphere Großmachtinteressen auf dem Spiel standen: Das Schicksal Bulgariens etwa oder die Okkupation Bosniens – „Diplomatenstücke, denen der undauerhafte, unheilbringende Charakter an der Stirn geschrieben stand“, wie Golo Mann sie genannt hatte. Was den Krieg verhinderte, den europäischen Krieg, nicht den Chinesisch-Japanischen, den Spanisch-Amerikanischen, den Russisch-Japanischen, den Italienisch-Türkischen und den Balkankrieg von 1912/13, was also den europäischen Krieg verhinderte, war die Erinnerung an den Krieg, die Furcht vor dem Krieg, die Vorstellung, daß der Krieg mit der Weiterentwicklung der Technik immer furchtbarer werden müßte. Die vorherrschende Ansicht war, daß der Frieden eine Folge des hohen Zivilisationsstands war, also keiner weiteren Sicherung bedürfe, während in Wirklichkeit der hohe Zivilisationsstand nur eine Folge der langen Friedensperiode gewesen ist. Die Erinnerung aber verblaßte; das, was die Militärbeobachter aus dem Russisch-Japanischen Krieg mitgeteilt hatten, etwa, daß man sich eingrübe und Kavallerieangriffe mit gezogenem Säbel nicht mehr à la mode wären, scheint niemand gelesen, sicherlich niemand beherzigt zu haben. Die Vorstellung der deutschen, französischen, russischen Kriegskaste blieb dem Pferd verhaftet, das schließlich so viel zu ihrer partiellen Ausrottung beigetragen hat. Die böse, die systemlose Zeit – böse nur durch das, was sie in sich trug, was unvermeidbar wurde, den großen, alle Kraft fordernden Zusammenstoß –, ansonsten die letzte, gute Zeit, die Friedenszeit. So hat man sie noch viele Jahre genannt, als das große Ringen längst vorbei war. Noch war das Recht in Kraft, Sicherheit gewährleistet, noch flossen Güter aller Art durch die wirtschaftlichen Arterien. Herbstlicher Goldglanz lag über den deutschen Ländern; aber die

Sicherheit, Zufriedenheit, der Fortschrittglauben, all das existierte unter einem ungeheuren Katastrophenüberhang, aufgehäuft durch viele nicht mehr geführte kleine Kriege, unterbliebene Bereinigungen, vertagte Korrekturen. Merkwürdige Ereignisse scheuchten die Bürger auf: das stolze Schiff, die „Titanic", ging bei ihrer ersten Überfahrt unter – wobei sich die alte Gesellschaft vorbildlich benahm; Kronprinz Rudolf von Österreich nahm sich das Leben – durch solche erratischen Ereignisse, durch diesen bieder-Mayerling'schen Ausklang, kündigte sich das Ende der jahrtausendealten Kaiserherrschaft an. Betrachtete man das Jahrhundert 1815–1914 in den Jahren nach dem Zweiten Weltkrieg, so schien alles, was geschehen, gedacht und geplant worden war, auf unabwendbare Weise im Dritten Reich zu kulminieren. Wäre Deutschland, wie der Diktator es zum Schluß vorgesehen hatte, zu diesem Zeitpunkt untergegangen, hätte das vielleicht seine Logik gehabt. Von Nietzsches Übermenschen führt der Weg zum Berchtesgadener Hausherren, die Wagner-Oper zur Reichskanzlei, die Wandervogelbewegung zur Hitlerjugend, Bismarcks Vorstellung vom „kriegerischen Jahrhundert" mündete in Eroberungsplänen des Dritten Reiches, der Hohn, den Schopenhauer für den Fortschritt an den Tag gelegt hat, trug ein Quentchen Schuld, ebenso die wenig konkreten imperialen Pläne Heinrich von Gagerns, die Tüchtigkeit der frühen Krupps – Friedrich, ganz auf Frankreich eingestellt, und Alfred, der dem preußischen König, als dieser Klage wegen Waffenlieferungen an Österreich führte, wissen ließ: „von Preußen allein können wir nicht leben"; ebenfalls vorläuferisch-suspekt, Ranke, ein vornehmer Schmackhaft-Macher, Treitschke ein Volkstümlich-Macher des also Schmackhaft-Gemachten; kurzum, und wozu noch weitere Namen: alles Hebammen und Geburtshelfer jenes Dritten Reiches, das in der Geschichte der Deutschen eine äußerst bedeutsame, zeitlich aber kurze Rolle, zwölf Jahre im ganzen – verglichen mit einundfünfzig Jahren des verachteten Bundes und siebenundvierzig Jahren des Kaiserreiches – gespielt hat. Die Suche nach Vorläufern, Wegbereitern, Mitschuldigen und Grabsouffleuren hat unseren Blick für die Geschichte getrübt; es führt scheinbar alles hinein in diese fatalen zwölf Jahre, und es führt scheinbar nichts heraus aus diesen fatalen zwölf Jahren. Heute zeichnen sich andere Kausalitäten ab, weitere Zusammenhänge ergeben sich. Wir sehen das schwärmerische Element der Romantik verfremdet in der Hitlerjugend und dann, nochmals anders, aber unverkennbar, in der Subkultur europäischer Hippies, die als „Steppenwölfe" unserer Zeit durch den alten Kontinent ziehen. Aber ist unser Blick wirklich frei und unbefangen geworden, wird das Feld nicht von neuen Ideologien begrenzt? Hatte man jahrelang darauf gewartet, daß einer eingestehe, Schuld zugäbe, Verantwortung übernehme, so war es dann, als es eintrat, als Albert Speer sein Leben schilderte, auch nicht allen recht. Man beruhigte ihn wohlwollend, milderte die individuelle Schuld: er wäre da gar nicht so verantwortlich gewesen, anzuklagen seien vielmehr die gesellschaftlichen, die politischen Kräfte, nicht der einzelne – das Wort „Monopolkapitalismus“ wurde nicht ausgesprochen, war aber peinlich fühlbar. Aber wie kann die Unbefangenheit wiedergewonnen werden? Wie können wir uns aus den alten Schablonen von Vor- und Mitläufern, von anonym wirkenden gesellschaftlichen, politischen, wirtschaftlichen Kräften lösen?

Offensichtlich nur durch einen Rückgriff auf die Quellen, auf das, was damals gedacht, geschrieben und festgehalten wurde. Und hier spielt die eingangs erwähnte Erfindung der Monseigneurs Daguerre und Niepce, die es ermöglicht, „Abbilder der Natur festzuhalten, ohne die Mitwirkung eines Künstlers in Anspruch zu nehmen“, eine überragende Rolle. Sie zeigt uns, wie die Menschen ausgesehen haben, welche Kleider sie trugen, über welche Straßen sie fuhren, wo sie wohnten, aßen und sich unterhielten, wo sie Geld machten und es ausgaben, welche Tiere sie hielten, wie sie sich die Haare schneiden ließen, welche Regenschirme sie kauften, wie sie sich bei Hinrichtungen, in Trauerzügen und bei Familienfesten verhielten ... und nochmals: wie sie ausgesehen haben! Es ist, als sei das Gesicht unserer Zeitgenossen durch einen geheimnisvollen Schleier der Konventionalität geschützt, der aber mit den Jahren vergeht ... in den alten Bildern können sie nur mehr wenig verbergen, es ist, als sähen wir ihnen ins Hirn, als könnten sie uns ihre Ängste, Hoffnungen, Lüste und Albernheiten, die Geschichte ihrer Jugend und ihres Alters nicht mehr verschweigen. All das wird sichtbar, und indem uns die Photographie im Nachhinein so viel enthüllt, uns nachdenklich macht und zum Nachdenken anregt, hat sie zugleich eine merkwürdig befreiende Wirkung: Vorurteile verschwinden, Einsicht, Verständnis wachsen.

Es ist freilich nicht leicht, eine ganze Epoche durch ihre Photographien zu schildern. Man muß zunächst ganz einfach die Bilder finden, entdecken – sie sind vielleicht verschollen oder in Archiven aufgehoben, die zu öffnen in den Volksdemokratien nicht immer möglich ist. Dann müssen die Bilder, ohne Retusche – „ausflecken“ zählt nicht zu den Retuschen – zu neuem Leben erweckt werden. Kein leichtes Unternehmen, das aber großen Photographen gut gelingt: es ist erstaunlich, wie viele Einzelheiten aus ganz verblaßten Aufnahmen man noch sichtbar machen kann. Diese rein technischen Fähigkeiten reichen allein nicht aus; die Wiederentdecker müssen die Geschichte und Literatur der Zeit, die sie behandeln, genau kennen, die gesellschaftlichen Usancen verstehen, im sozialen Unterbau ebenso zu Hause sein wie in der Hierarchie der Oberschicht. Vor allem aber müssen sie umfassend berichten und ohne Tendenz; eine Lehr' kann aus den Bildern abgeleitet werden; sie dürfen aber nicht in Hinblick auf eine solche Lehr' zusammengestellt werden.

Franz Hubmann aus dem großen Team der „Magnum"-Photographen hat sich zuerst am österreichischen Thema versucht. Im „K. u. K. Familienalbum" – Zuckmayer hat es „ein fabelhaftes Buch" genannt, „von dem ich stundenlang nicht loskonnte" – zeigt er den Reichtum und die Armut und die Vielfarbigkeit, Kontraste und Schönheiten der alten k. u. k. Zeit auf, die, strenggenommen, erst nach 1866 begonnen hat. Das Buch ist anscheinend im richtigen Augenblick erschienen, hat den Prozeß des Ausgleiches und der Versöhnung weitergebracht, wenn nicht vielleicht abgeschlossen. Ausgleich und Versöhnung zwischen jenen, die den alten Staat noch immer einzig und allein als „Völkerkerker" interpretierten, als könnte man sich von der eigenen Vergangenheit dispensieren lassen und jenen, die im Grunde noch immer dort zu Hause waren, Ansichten, Maßstäbe und Anforderungen von dem untergegangenen, oft gar nicht mehr persönlich gekannten Reich ableiten, als könnte man aus der Vergangenheit nicht allein Kraft ziehen, sondern in ihr auch existieren, ohne zu mumifizieren.

Merkwürdigerweise hat das Buch nicht zuletzt auf junge Menschen einen tiefen Eindruck gemacht, die unbefangen waren, sehen, ansehen, einsehen wollten. Was sie sahen? Iglauer Ammen, orthodoxe Juden aus Galizien, Bosniaken am Schottentor, die Dampftramway am Lichtenwerd, Damen der Gesellschaft, Zigeunerinnen am Eisernen Tor, Offiziere beim Rennen, Schauspielerinnen vom Deutschen Volkstheater und so weiter und so fort. An der Authentizität war wenig Zweifel, die Verbindung zur Literatur, die man kennt, ist nicht zu übersehen: dieses Bild – wie eine Anmerkung zu Josef Roth; eine elegische Variation zu einem Motiv von Musil; eine Illustration zu Schnitzler; eine Erläuterung, Deutlichmachung zu einem Vers des jungen Hofmannsthal. Die Vorstellung, wie bunt und vielfältig der eigene Hintergrund, wie verwoben man doch in all das war, hat manchen jungen Menschen wie ein großes Erstaunen überkommen und jene Antieinstellung, die Günther Nenning vom „Forum" einmal den „Habsburger Kannibalismus" genannt hat, ausgelöscht. Im Frühjahr 1972 gaben sich Bundeskanzler Dr. Kreisky und Dr. Otto von Habsburg anläßlich des Pan-Europa-Kongresses zum erstenmal die Hand; ein wichtiger Augenblick, weil so lange die einen mit den anderen und dann wieder die anderen nicht mit den einen hatten kommunizieren wollen.

Bereits bei der Zusammenstellung des „K. u. K. Familienalbums“ war der Gedanke aufgetaucht, ein „Deutsches Familienalbum, Von der Romantik bis zum Wilhelminschen Reich 1840–1914“ zusammenzustellen. Die beiden Themen haben Ähnlichkeiten und sind doch voneinander zumindest so verschieden wie die Musterungsszene des Soldaten Schwejik bei Hašek von der Musterungsszene des Felix Krull bei Thomas Mann. Was bleibt, ist die Freude am Ansehen, die Neugier, das Staunen und Erkennen. Wie war es auf dem Fürstentag zu Frankfurt 1863, wie hat es sich 1864 gestorben, auf den Düppeler Schanzen, wie sahen die zerstörten Vororte von Paris aus, wie die ersten Autos von Carl Benz, die Internationale Elektrotechnische Ausstellung, Frankfurt 1891, wie die ersten Flugzeuge, das Versuchstauchboot „Forelle“? War die Tochter des von Napoleon hingerichteten Buchhändlers Palm ein hübsches Mädchen, der Hofzug des bayrischen Königs geschmackvoll eingerichtet, ritt Kaiser Wilhelm seine Pferde mit Trense oder ohne und so weiter und so fort. Das sind Einzelheiten, gewiß... ebenso gewiß, daß sie zusammengefaßt und subsummiert werden, daß es ein, daß es mehrere Resümees gibt. Und es gehört zu den fruchtbaren Geheimnissen solcher Bücher, daß man diese Resümees nicht im vorhinein weiß, nicht beim „K. u. K. Familienalbum“ und nicht beim „Deutschen Familienalbum“ und bei keinem anderen Buch dieser Art: nur im nachhinein läßt sich feststellen, was geschehen ist, welche Wirkung dieser photographische Kosmos auf den einzelnen, auf die vielen einzelnen hatte. Der Vorgang selbst bleibt geheimnisvoll, aber nicht zufällig, vorausbestimmt, wenn auch nicht voraussagbar. Erinnerungen spielen eine Rolle; es muß etwas da sein, an das geknüpft werden kann, es wird eingeordnet in das Gewebe der Assoziationen, Bilder erklären oder widerlegen, führen weiter oder zwingen in eine andere Richtung. An der Intensität dieses Prozesses, der Lebhaftigkeit der Reaktion oder gar der Bereitschaft, ein längst fertiges Urteil nochmals auf die Waage zu legen aber, läßt sich der Erfolg ablesen.

DIE ROMANTIK

DIE BLAUE BLUME

Im fünften Heft des „Athenaeum", das im Jahre 1800 erschienen ist, behauptet Friedrich Schlegel, es fehle der modernen Dichtkunst an einem Mittelpunkt, wie die Mythologie einer für die Alten gewesen war. Der Dichter brauche eine neue Mythologie, die aber „aus der tiefsten Tiefe des Geistes" herausgebildet werden müsse; „es muß das künstlichste aller Kunstwerke sein ... ein neues Bett für den alten, ewigen Urquell der Poesie". Friedrich von Hardenberg, genannt Novalis, war der einzige, der dieser Forderung in dem unvollendet gebliebenen Roman „Heinrich von Ofterdingen" nachzuleben versuchte: Sagen, Mythen, Religionen sollten sich auf jener Ebene, wo der Mensch über sich hinauswächst, zu einem neuen, ganzen verbinden. In diesem schwer deutbaren Werk findet sich das Bild von der „Blauen Blume": „Eine hohe, lichtblaue Blume, die zunächst an der Quelle stand, und ihn mit ihren breiten, glänzenden Blättern berührte ... er sah nichts als die Blaue Blume und betrachtete sie lange, mit unnennbarer Zärtlichkeit. Endlich wollte er sich ihr nähern, als sie auf einmal sich zu bewegen, zu verändern anfing; die Blätter wurden glänzender und schmiegten sich an den wachsenden Stengel, die Blume neigte sich nach ihm zu, und die Blütenblätter zeigten einen blauen ausgebreiteten Kragen, in welchem ein zartes Gesicht schwebte." In Deutschland hat man viel Fleiß auf die Deutung verwandt. Die Quelle war der Brunnen der Erkenntnis, das zarte Mädchenantlitz symbolisierte die Liebe als den Beginn tieferer Einsicht, die Blaue Blume selbst die Transparenz seiner Dichtung, den Tiefsinn seiner Deutung des Universums. Es gab freilich auch andere Stimmen, Stimmen von Männern, die dem Kreis um Hardenberg und dem Schlegels nahegestanden waren; sie sprachen von einem „Babelturm"; die Sprachenverwirrung begrübe das Werk des Hochmuts unter seinen eigenen Trümmern, und „obwohl man reich an Keimen mancherlei Art gewesen, so lag dennoch etwas Ruchloses im ganzen". Die eigentliche „Roman-

tik“ war also im Augenblick, da unsere Erzählung beginnt, bereits zu Ende. Aber sie wirkte lange weiter in das neue Zeitalter. Es gab eine „Romantik“, die sich stärker an die Kirchen und Konfessionen anlehnte, es gab zu Anfang des Jahrhunderts den „Novalismus“, viel später die Wandervögel, die von der „Blauen Blume“ träumten und sangen, es gab Picknicks im Wald und Sängerfeste in hohen Hallen und Fahrten den Rhein entlang und Feste auf dem „Hohen Meissner“, es gab romantische Familienbilder, die ohne Hardenbergs Blaue Blume nicht entstanden wären. Und in all dem gab es die zwei Komponenten: den hohen, nie geglückten Versuch der Erhebung des Menschen über sich selbst, und das „Ruchlose“, das sich aus dem Scheitern dieses Versuchs ergab, aus der Unmöglichkeit der Vereinigung so viel Verschiedenens, aus dem Darüber-hinweg-Sehen und Sich-nicht-darum-Scheren. Und allmählich wurde das Hohe immer mehr eingeebnet, eine banale Naturschwärmerei trat an seine Stelle. Der Mensch begann sich als ein Teil der Natur zu stilisieren, als könnte man sie auf diese Weise versöhnen. Sieht man heute die Bilder an, so begreift man kaum mehr, daß *das* damit gemeint ist, nichts anderes. Die Straßen und Plätze dieser Zeit zeigen eine merkwürdige Atmosphäre von Erwartung und Stille... vielleicht hatte die Freude am Altertümlichen dazu beigetragen, daß der Platz vor dem Dom nun freilag, vielleicht hat die Technik der Aufnahme, eine lange Exposition, die keine Bewegung festhalten konnte und bei Portraitaufnahmen zu Arm- und Kopfstützen zwang, den Eindruck noch verstärkt. Aber den Eindruck von Stille und Erwartung, den hat es schon gegeben: die Augustusbrücke in Dresden, leer der Platz vor der deutschen Buchhändlerbörse in Leipzig, die Gute-Hoffnungs-Hütte um 1880, ein paar niedrige Gebäude, der Ruhrort um 1864 ...

Wie würde sich all das in den nächsten zehn, zwanzig, dreißig Jahren verändern!

Das kurfürstliche Schloß zu Koblenz ist das bedeutendste Werk des französischen Klassizismus auf deutschem Boden · Blick vom Löhrrondell über die Schloßstraße

Oben: Herrenbildnis aus Hamburg · Daguerreotypie, vor 1846
Rechts: Die Tochter des Nürnberger Buchhändlers Johann Philipp Palm, der die Flugschrift „Deutschland in seiner tiefen Erniedrigung“ verlegt hat und im Jahre 1806 unter Napoleon I. in Braunau hingerichtet wurde · Daguerreotypie, 1840

Der Hofzug König Max II. Joseph von Bayern (1848–1864) · Photograph: Maurer/Landau, um 1856

Die Hofdame Charlotte Gräfin von Fugger-Glött, München · Photograph: Franz Hanfstaengl, um 1860

Der Besenbinderhof in Hamburg, 1868

Die Mitarbeiter des Chemikers Justus von Liebig (1803–1873) im Gießener Laboratorium
Von links nach rechts: Carl Remigius Fresenius, Will, Bullock, Gardener und Hoffmann · Daguerreotypie, um 1840

Die Apotheke in Langenbiehlau (heute: Bielawa), Niederschlesien
Daguerreotypie, um 1846 (Sammlung Dost, Berlin)

Tänzerin · Kolorierte, stereoskopische Daguerreotypie, um 1850

Akt vor dem Spiegel · Daguerreotypie, um 1850

Sophie Leonore Schleiden (gestorben 1856), Ehefrau des vormaligen Hamburger Stadtsyndikus Dr. Andreas Schleiden
Daguerreotypie von C. F. Stelzner

Links Frau von Braunschweig, geborene Henrici, rechts Frau Stelzner (die Frau des Photographen), geborene Reiners
Daguerreotypie von C. F. Stelzner

Oben: Stuttgart, Gesellschaftsräume des Hauses Gartenstraße 44 · Der Gelbe Saal, mit Blick in den Blauen Saal · Erbaut 1860 von Morlock für Kommerzienrat Carl Jobst
Rechts: Eduard, Klara und Fanny Mörike zu Besuch beim Apotheker Dr. Carl Abraham Mörike in Neuenstadt am Kocher
Von links nach rechts: Apotheker Dr. Carl Abraham und Frau Marie Mörike, geborene Seyffer, Klara Mörike, Marie von Schott (Nichte des Apothekers); lesend: der Dichter; im Vordergrund seine älteste Tocher, Fanny
Kolorierte, stereoskopische Daguerreotypie, Juli 1865

Kahnpartie, um 1860

Gruppe auf einem Dampfer, um 1860

Am 27. September 1857 wurde die Großhesseloher Brücke über die Isar einer Belastungsprobe unterzogen · Die damals schwerste Lokomotive, „München“, zog mit 2107 Zentnern Torf beladene Waggons auf das neue Bauwerk

Die Herzog-Max-Burg in München, vom Lenbachplatz aus gesehen · Links: Eingang in die Pfandhausstraße (heute: Pacellistraße)
Photograph: Franz Hanfstaengl, um 1856

Rundturm und Teile der alten Stadtmauer am Viktualienmarkt in München, um 1856

München: Standbild der Bavaria · *Oben:* Abtransport des Kopfes
aus der Ferdinand von Miller'schen Erzgießerei zur Theresienwiese
Links: Montage des Bruststückes · Talbotypien von Alois Löcherer, 1850

Adalbert Prinz von Bayern · Photograph: Franz Hanfstaengl, um 1866

Carl Graf von Butler, königlicher Hofmarschall und Generalmajor, im Hofjagdkostüm, München
Photograph: Franz Hanfstaengl, um 1865

Oben: Die Hofdame Friederike Freiin von Gumppenberg aus München · Photograph: Alois Löcherer, um 1855
Rechts: Blick von der Rosenheimerstraße gegen das Münchener Stadtzentrum
Im Vordergrund links das Brunnhaus auf dem Isarberg und das Auer-Tor an der Isarbrücke
Photograph: G. Böttger, um 1858

Oben: Der Münchener Hauptbahnhof, um 1865 · Blick über die Gleisanlagen, Richtung Stadtzentrum
Im Hintergrund die Friedrich Bürklein'sche Bahnsteighalle (erbaut 1847/49)
Rechts: Die Einsteighalle des Münchener Ostbahnhofs · Photograph: G. Böttger, um 1858

Franz Hanfstaengl,
Gründer des bekannten Kunstverlags,
in einer Selbstaufnahme, um 1860

Kaspar von Steinsdorf, Bürgermeister von München
Photograph: Franz Hanfstaengl, um 1860

Adolf Freiherr von Gumppenberg und seine Gattin Karoline · Photograph: Franz Hanfstaengl, um 1860

Die Münchener Frauenkirche, gesehen vom Turm der Peterskirche aus · Teilausschnitt aus dem Rundpanorama von G. Böttger, aufgenommen anläßlich der Siebenhundertjahrfeier der Stadt München, 1858

Oben: Das Isartor in München, um 1856
Folgende Doppelseite: Die fünfhundertste Lokomotive verläßt die Fabrik Maffei in der Hirschau/München, 1864 · Das Photo von J. Albert wurde „Herrn Josef Anton Ritter von Maffei, Reichsrath etc. etc. von den Arbeitern des Eisenwerkes Hirschau in Verehrung und Dankbarkeit gewidmet"

500

Oben: Blick auf das Schloß Hohenschwangau bei Füssen, um 1860 · Das Photo stammt aus dem Besitz des Herzogs von Sachsen-Altenburg
Unten: Schlafzimmer im Schloß Hohenschwangau mit Fresken zu Themen aus der deutschen Sage
In diesem Schloß begeisterte sich Ludwig II., der hier einen Teil seiner Kindheit und Jugend verbracht hat, an der deutschen Sagenwelt

Rechts: König Ludwig II. und seine Braut Sophie, die Schwester von Kaiserin Elisabeth von Österreich
Photograph: J. Albert, 1867

Oben: In der um 1860 erbauten „Villa Texas" in Stuttgart wohnten der königlich württembergische Konsul für den Staat Texas, Josef Sauter, und dessen Vater, der Partikular J. A. Sauter · Das Gebäude war damals noch von Weinbergen umgeben · Photograph: F. Brandseph, Stuttgart
Links: Die Hofdame Karoline Gräfin von Butler aus München · Photograph: Fr. Hohbach, um 1860

Stuttgart-Berg
№6.

Wagen der 1869 eröffneten
ersten Stuttgarter Pferdebahn

Oben: Der Stuttgarter Marktplatz, um 1870
Rechts: Zwei Damen aus der Familie des Sanitätsrats Schloßberger aus Stuttgart/Feuerbach

Links: Ernst Moritz Arndt (1769–1860), Dichter leidenschaftlicher patriotischer Lieder („Der Gott, der Eisen wachsen ließ ...“), als Abgeordneter für den fünfzehnten rheinpreußischen Wahlbezirk · Die Aufnahme wurde im Jahre 1848 in Frankfurt veröffentlicht
Daguerreotypie von J. Seib, Frankfurt/Main
Rechts: Der Römerberg in Frankfurt · Das Bild zeigt das Salzhaus, Ecke der Wedelgasse, vor Abbruch des Wedels, 1861
Im Hintergrund der Turm der Paulskirche
Photograph: Mylius
Folgende Doppelseite:
Das Mainufer in Frankfurt, um 1860
Rechts der Dom vor dem Brand

Herr Detmold, Abgeordneter zur National-
versammlung in der Frankfurter Paulskirche, 1848
Daguerreotypie von J. Seib, Frankfurt/Main

C. Fuchs, Abgeordneter zur
Frankfurter Nationalversammlung, 1848
Daguerreotypie von Hermann Biow

ben: Jakob Venedey, Abgeordneter für Hamburg
der Frankfurter Nationalversammlung, 1848
aguerreotypie von Hermann Biow
echts: Heinrich Freiherr von Gagern,
äsident der Frankfurter Nationalversammlung, 1848
aguerreotypie von J. Seib

Oben: Der Römerberg mit dem Schillerdenkmal · Das von Dielmann modellierte Standbild wurde am 10. November 1859 – anläßlich des hundertsten Geburtstages von Friedrich Schiller – feierlich enthüllt · Photograph: Mylius

Links: Der Römerberg in Frankfurt/Main · Links das Haus Limpurg, Sitz der Gauerben, rechts der Römer, im Vordergrund der alte Gerechtigkeitsbrunnen · Photograph: Mylius, 1864

Eislaufen auf dem Holzhäusen-Weiher in Frankfurt, um 1860

5 Die Zeil in Frankfurt, um 1869

Rechte Seite: Der Moselhafen in Koblenz
Rechts: Schloßkirche und Renthof in Marburg/Lahn
Daguerreotypie, um 1850
Unten: Der Chemiker Justus von Liebig im Kreise seiner Familie
Daguerreotypie, um 1844

Rechts: Da es jahrzehntelang keine Eisenbahnbrücke über den Rhein gab, mußten die Fahrgäste zu Fuß über die Schiffsbrücke nach Oberkassel gehen, um nach Aachen weiterfahren zu können · Die Gepäckträger bildeten eine eigene Gilde, die bis zur Jahrhundertwende bestand: Die Düsseldorfer Sackträgergilde, um 1860

Unten: Das Fährboot Loreley I, erbaut 1866 in Holland, vor St. Goarshausen am Rhein

Die Bauarbeiten am Kölner Dom waren im Mittelalter eingestellt worden · Erst 1842 begann man, das Bauwerk zu vollenden · Die Aufnahme – der Dom, vom Süden her gesehen – stammt aus den Jahren 1858/59

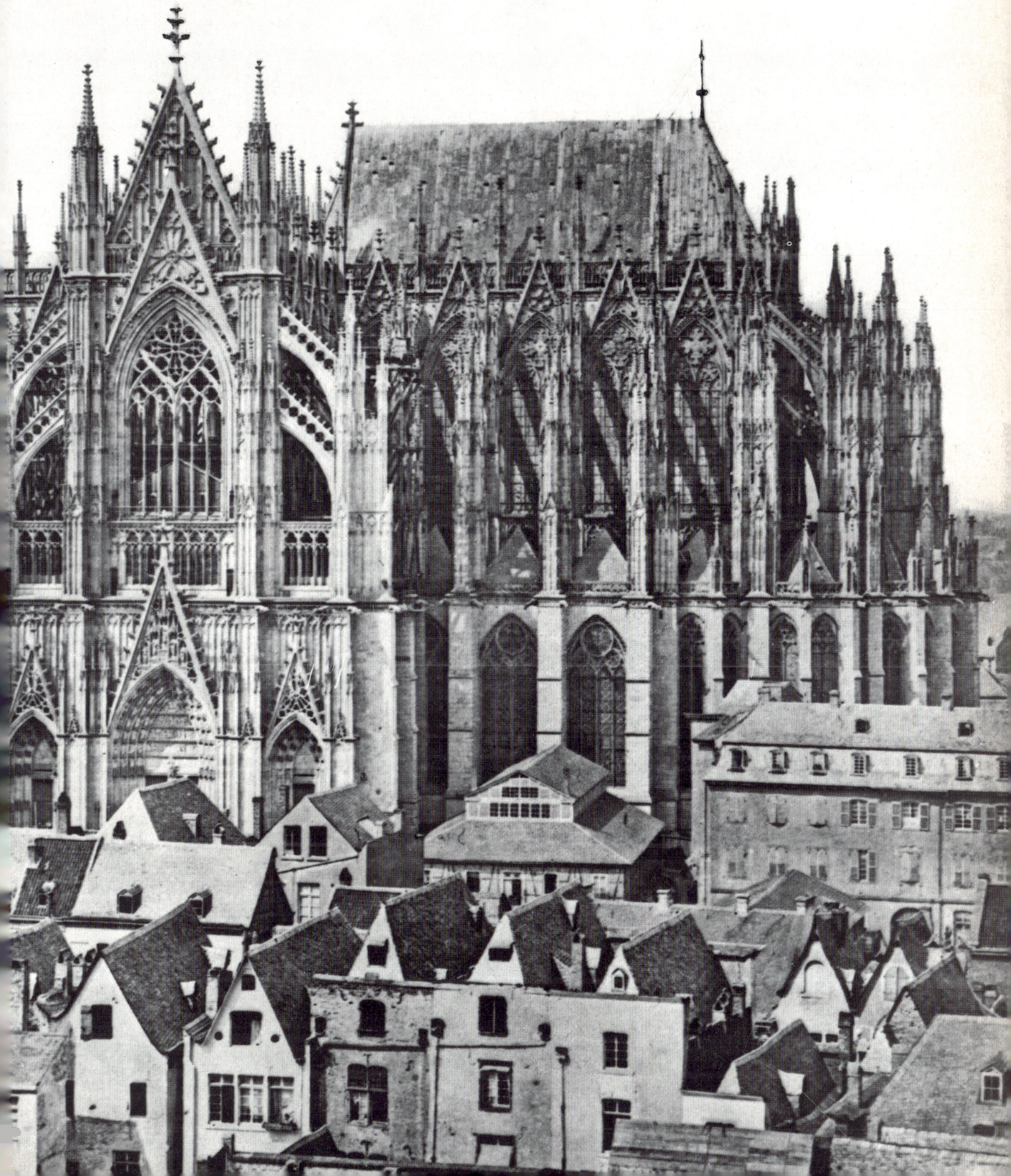

Das Gereonstor in Köln

Der Kölner Heumarkt mit dem Geburtshaus des Architekten Jacob Ignaz Hittorf (1792–1867)

Oben: Karl Marx (geboren 1818 in Trier, gestorben 1883 in London) *Unten:* Friedrich Engels (geboren 1820 in Barmen, gestorben 1892 in London) · Ihre erste Begegnung fand 1842 in Köln statt

Die St.-Anthony-Hütte, eine der ältesten des Ruhrgebiets, seit 1758 in Betrieb, lag im Bereich des heutigen Oberhausen-Osterfeld und war eine Vorläuferin der Gute-Hoffnungs-Hütte · Photograph: H. Günther, 1864

Duisburg-Ruhrort: Schiffswerft der „Hüttengewerkschaft und Handlung Jacobi, Haniel und Hüyssen“ in Ruhrort · Hier wurden von 1829–1899 Schiffe gebaut
Photograph: H. Günther, 1864

Im Jahre 1842 wurde Hamburg von einem vier Tage lang wütenden Brand heimgesucht. „... und bei dem nüchternen Tageslicht besah man sich mit Schauder und Entsetzen den Leichnam der Stadt“ (Friedrich Hebbel, 1846)

Rechts: Der Adolphsplatz in Hamburg · Blick gegen die Börse, den Großen Burstah und den Turm der Katharinenkirche zur Zeit des Wiederaufbaus nach dem Brand von 1842
Seitenverkehrte Daguerreotypie von C. F. Stelzner, 1847

Unten: Hamburg: Die Ruinen in der Alstergegend (Jungfernstieg und Lombardsbrücke) nach dem Brand von 1842
Daguerreotypie von C. F. Stelzner

Die Ruinen der Nicolaikirche, Hamburg, nach dem Brand von 1842 · Daguerreotypie von C. F. Stelzner

Links oben: Die beiden Hamburger Studenten William Andres und Edmund Johann Krüß
Daguerreotypie, 1842
Rechts: Der Kritiker und Satiriker Moritz Gottlieb Saphir (1795–1858) war seit 1837 Herausgeber des Witzblattes „Der Humorist“
Daguerreotypie
von C. F. Stelzner, 1843

Rechts oben: Dr. jur. Hein
Nikolaus von Bes
(1803–1852) als Oberleutn
der Kavallerie im Hambu
Bürgermil
Daguerreot
von Hermann Biow, 1
Rechte Seite: Der Hambu
Bürgermeister Ascan
Lutteroth (1783–1867)
seiner Ehefrau Charl
(1786–18
Daguerreotypie, um 1

Oben: Die Miniaturmalerin Caroline Stelzner (1808–1875) aus Hamburg
Daguerreotypie, aufgenommen von ihrem Ehemann, C. F. Stelzner, 1843
Rechte Seite: Der Hamburger Kaufmann Daniel Runge, ein Bruder des Malers Philipp Otto Runge, und seine Ehefrau
Daniel Runge gab die hinterlassenen Schriften seines mit dreiunddreißig Jahren verstorbenen Bruders heraus
Daguerreotypie von C. F. Stelzner, um 1844

Links und oben: Schiffswerften in Hamburg · Talbotypien von Charles Fuchs, um 1850
Folgende Seite, links: Mutter Albers, die Gemüsefrau der Familie Stelzner · Daguerreotypie von C. F. Stelzner, um 1845
Folgende Seite, rechts: Straße „Bei den Vorsetzen“ am Hamburger Hafen · Aufnahme von C. F. Höge, 1864

18.
Peter.
Bier-Halle.
er and Spirits
Porter
S.Simo
17. Butcher

Bewohner aus den „Vierlanden“ am Hamburger Markt, um 1860
Die vier von Deichen eingeschlossenen Landschaften liegen zwischen Elbe und Bille bei Hamburg

Hamburg, Neuer Kran, um 1858

Das Baumhaus im Hamburger Hafen (Zollhaus) · Im Aussichtsturm errichtete der Photograph
Hermann Biow im Jahre 1842 sein Atelier · Aufnahme von Charles Fuchs, 1856

Der Hamburger Kaufmann Johann Philipp Ludwig Bartels und seine Familie
Daguerreotypie von C. F. Stelzner, 1847

Der Niederhafen in Hamburg, vom Kehrwieder aus gesehen, 1868

Rechte Seite: Die Gebrüder Jakob und Wilhelm Grimm
Daguerreotypie von Hermann Biow, um 1842
Oben: Die Jungfernbrücke in Berlin
Daguerreotypie, um 1845
Unten: Die Waisenbrücke in Berlin
Daguerreotypie von Louis Sachse, um 1842

Die Schloßfreiheit mit der Schloßbrücke
(abgebrochen 1892) in Berlin
Daguerreotypie, um 1847

Gaukler in Berlin, um 1846

9

Herr Renz, der Begründer der berühmten Zirkusdynastie
Berlin, um 1860

Das Branden-
burger Tor in
Berlin, um 1868

oeppen & Sehler.

Oben: Friedrich Wilhelm IV., König von Preußen, 1848–1861, lehnte die ihm von der Frankfurter Nationalversammlung angetragene deutsche Kaiserwürde mit den Worten ab: „Ein Hundehalsband, mit dem man mich an die Revolution von 1848 ketten will ...“ · Daguerreotypie von Hermann Biow, 1847

Links: Das von Andreas Schlüter geschaffene Monument des Großen Kurfürsten stand auf der Langen Brücke in Berlin · Photograph: Hermann Krone, um 1860

Vorhergehende linke Seite: Editha Gräfin Hacke (geboren 1821), Hofdame Königin Elisabeths von Preußen · Berlin, 1856

Vorhergehende rechte Seite: Prinzessin Radziwill · Sie gehörte unter Friedrich Wilhelm IV. der engeren Hofgesellschaft an · Berlin, 1856

„Spreeathen“: Der Gendarmenmarkt in Berlin mit dem Deutschen Dom, dem königlichen Schauspielhaus und dem Französischen Dom, um 1866

Rechts: Weihnachtsfest bei der Familie Jamrath, Berlin 1863
Unten: Soldaten beim Kartenspiel · Albumindruck, Berlin, um 1860

Oben: Alexander von Humboldt (1769–1859)
Daguerreotypie von Hermann Biow, Berlin 1847
Unten: Der Maler Peter von Cornelius (1783–1867)
Daguerreotypie von Hermann Biow, Berlin 1847

1 Der Bildhauer Christian Daniel Rauch (1777–1857) · Daguerreotypie von Hermann Biow, Berlin 1847

Oben: Die Waisenbrücke in Berlin · Aufgenommen von Leopold Ahrendts, um 1855
Links: Hofschauspieler Emil Devrient (1803–1872) Daguerreotypie, Berlin, um 1845
Rechts: Wochenmarkt auf dem Berliner Alexanderplatz, um 1863

Oben: Der russische Botschafter in Berlin, Baron von Budberg, und seine Familie, um 1860
Rechts: Schloßkuppel und Schloßbrücke in Berlin · Photograph: Hermann Krone, um 1860

Oben: Haus des Niels Jens Brodersen, Westerland/Sylt · Melainotypie, 1862
Rechts: Versammlung eines Künstlervereins im Sommerlokal auf der Caffamacherreihe in Hamburg · Daguerreotypie von C. F. Stelzner, 1843

Der eingleisige Bahnhof vor dem Holstentor in Lübeck · In der Bildmitte das Standbild Merkurs auf der Puppenbrücke: Der Gott der Kaufleute und Diebe trägt hier, in der Hansestadt Lübeck, ein verschnürtes Paket

Oben: Lübeck, Häuserzeile am Bauernmarkt (heute: Koberg), um 1855
Folgende Doppelseite: Blick von den (später abgetragenen) Wallanlagen auf Lübeck, um 1869

Links: Lübecker Dienstmädchen, um 1860
Rechts: Das Lübecker Burgtor vor dem Jahre 1850
Nach 1850 wurde ein zweiter Durchgang gebrochen, um den Fußgängern das Warten zu ersparen, wenn Wagen vorbeifuhren · Daguerreotypie

Oben: „Fischfrauen aus Travemünde, mit lebenden Fischen zum Markte fahrend," um 1860
Linke Seite: Links: Lübeck · „Fischer aus Schlutup im Sommeranzug“ (oben) und „im Winteranzug“ (unten), um 1860
Fischersfrau aus Gothmund (oben) auf dem Weg zum Markt, um 1860
Schlossermeister Strohkark als „Sappeur“ (= Pionier) der Lübecker Bürgergarde (unten), um 1860
Folgende Seite: Senator Carl Hermann Dittmer (1793–1865) aus Lübeck · Aufnahme um 1855

Vorhergehende Seite: Die Breite Straße in Lübeck, im Hintergrund der Jacobiturm, 1860
Unten: Fundamentierung der Eisenbahnbrücke in Bremen, 1865

Der Bremer Marktplatz um 1865 · In der Bildmitte die fünfeinhalb Meter hohe Rolandssäule, das Symbol der Marktfreiheit

Von links oben nach rechts unten:
Rudolf Rönneberg als Böse'scher Jäger, 1865
Brandmeister Theodor Hoffmann, Bremen 1867
Unteroffizier Meyer, Bremen 1866
„Martin Weber, ehem. Kuchenbäcker dieser guten Stadt, jetzt Rentner" · Bremen, 1862
Der Kapellmeister der Militärkapelle Bremen, von Helfrich, 1857
Der Jäger Friedrich Luley, Bremen, um 1870

Die Rolandssäule und
die alte Börse
(rechts im Bild)
in Bremen, 1863

Oben: Abfahrtstelle der Dampfschiffe an der Kalkstraße, Bremen 1864
Rechts: Kapitän Geerken aus Bremen, 1858

Oben: Der Historienmaler Leo Gey aus Hannover, ein Schüler von Julius Schnorr von Carolsfeld, schuf unter anderem die Fresken in der Marienburg, in Meißen und Osnabrück.
Auf das Bild schrieb er folgende Widmung: „Erinnern Sie sich zu Zeiten freundlichst des Originals, Ihres Sie liebenden und verehrenden Leo Gey“ · Hannover 1860
Rechts: Hannover, Schmiedestraße 14: Das Peter Bernhard Heyn'sche Haus, 1857

STADT BRAUNSCHWEIG
Julius Vogel.

Links: Oberbereiter C. Fehn, unter König Georg V. von Hannover Erster Bereiter, 1860
Rechts: Der erste Markttag auf dem Neustädter Markt in Hannover
Photograph: Ferdinand Liebsch, 1863

Fische.
Obst.
Korn.

Oben: Der Braunschweiger Burgplatz, um 1860 Das Haus aus dem Jahre 1763 mußte dem Wiederaufbau der kaiserlichen Pfalz (Burg Dankwarderode) Heinrich des Löwen weichen
Unten: Braunschweig, Ägidienmarkt 6: Das „Kellner'sche Haus", um 1865 (abgebrochen 1882)

es: Der
öne Brunnen
die
ıenkirche
Nürnberg,
5

Oben: Platzkonzert vor dem Aue-Tor in Kassel in kurhessischer Zeit, um 1860
Links: Der Magistrat der Stadt Kassel im Jahre 1850
Erste Reihe, vierter von links: der Oberbürgermeister · Daguerreotypie

Rechts: Das alte Rathaus in Leipzig, um 1857
Unten: Der Leipziger Marktplatz · Links die Alte Waage, in der Mitte Koch's Hof, um 1865

J. C. Dietrich
Julius Merseburger

Strohhut Fabrik u. Bleiche.
Nähmaschinen-Lager
C. Boettcher.
General-Agentur
Nordstern
C. Boettcher.
Kloetzer & Hoyer

Oben: Die Leipziger Buchhändlerbörse am Nikolaifriedhof, um 1860
Links: Barthel's Hof am Marktplatz in Leipzig, um 1868

Dresden: Augustusbrücke, Hofkirche und Schloß, rechts am Ufer das „italienische Dörfchen“, dahinter die Gemäldegalerie Gottfried Sempers
Photograph: Hermann Krone, 1860/65

Der sächsische Kronprinz Albert
beim Kegelspiel, Dresden, 1860/65
Photograph: Hermann Krone

Das Dresdner Theater nach dem Brand von 1869 · Photograph: Hermann Krone

Der Maler und Zeichner Ludwig Richter (1803–1884), *der* Illustrator der deutschen Romantik, war seit 1835 Akademieprofessor in seiner Heimatstadt und machte Dresden zu einem Zentrum der Holzschneidekunst
Photograph: Hermann Krone, um 1855

Als geistigen Vater Ludwig Richters kann man Julius Schnorr von Carolsfeld ansehen, den Begründer der Gruppe der Nazarener

Das Kotzsch-Haus mit Weinberggrundstück in Dresden-Loschwitz
In diesem Haus arbeitete Ludwig Richter in den Sommermonaten 1852 und 1857 · Während seines zweiten Aufenthaltes entstanden hier die Bilder zu Schillers „Lied von der Glocke“

Links: Bildnis einer Dame aus Dresden · Photograph: Hermann Krone, um 1850
Oben: Das Elbufer in Dresden mit der Brühl'schen Terrasse, der Hofkirche und dem Opernhaus
Im Vordergrund rechts das 1838 gebaute Dampfboot „Dresden"
Photograph: Hermann Krone, 1857

Erstes deutsches Sängerbundesfest in Dresden · Weihe des Bundesbanners am 23. Juli 1865 vor dem Theater · Photograph: Hermann Krone

Die Brühl'sche Terrasse in Dresden mit den Figurengruppen der vier Jahreszeiten
Photograph: Hermann Krone, 1860/65

Selbstbildnis des Photographen Hermann Krone inmitten seiner Apparate · Dresden 1865

Die großherzogliche Wachmannschaft und die Musikkapelle in Weimar, um 1860 · Vor 1871 bestand Deutschland aus fünfundzwanzig Einzelstaaten: neun Königreiche, sechs Großherzogtümer, sieben Fürstentümer und drei freie Städte

Oben links: Der Marktplatz mit der Elisabethkirche in Breslau · Photograph: Hermann Krone, 1860/65
Oben rechts: Der Marktplatz in Görlitz · Photograph: Hermann Krone, 1860/65
Unten links: Das Neiße-Ufer in Görlitz · Photograph: Hermann Krone, 1860 / 65
Unten rechts: Görlitz mit Landeskrone · Photograph: Hermann Krone, 1860/65

1 Der Marktplatz in Breslau · Photograph: Hermann Krone, 1860/65

Oben: Blick auf Danzig, um 1865
Links: Die schönste Straße im alten Danzig, die Jopengasse, mit der Marienkirche, um 1865

Der Renaissancebau des Danziger Zeughauses, um 1865

Danzig: Der Marktplatz mit dem Turm „Kiek in de Kök“, um 1865

Der Artus- oder Junkerhof (Börse) auf dem Langen Markt in Danzig, um 1865
Folgende Seite: Das Hohe Tor in Danzig, um 1865

ANNO.
SAPIENTIBUS FIUNT OMNIA
FACIEBAT

DAS ZWEITE KAISERREICH

BLUT UND EISEN

Seit der Jahrhundertwende läßt sich in regelmäßigen Abständen in Deutschland die Klage verfolgen, daß es mit Lehrern und Schülern nicht zum besten stehe. Die Volksschullehrer brächten den Schülern nicht einmal die Rechtschreibung bei, im Gymnasium werde an den wesentlichen Dingen vorbeigeredet, so daß die Abiturienten miserabel vorbereitet auf die Universität kämen. Mit den Lehrern zufrieden war man im Grunde nur nach dem Deutsch-Französischen Krieg; ja man hat sogar gesagt, der deutsche Lehrer wäre es gewesen, der diese Auseinandersetzung gewonnen hätte. Daran ist ein Quentchen Wahrheit; erstens weil die Lehrer frühzeitig „national" dachten, zweitens weil sie den ihnen Anvertrauten ein rechtes Maß an Intelligenz und Kenntnissen beibrachten (ein „*rechtes* Maß", weil es den Schülern ermöglichte, im Krieg ihre Aufgaben besser zu erfüllen als bisher, ohne daß sie deshalb gleich aufsässig geworden wären), und drittens, weil Bismarck ein Mann nach ihren Herzen und ihrer Vorstellung war; und der hat „dreißig Jahre lang der deutschen Entwicklung präsidiert", zwischen Biedermeier und Weltpolitik, wie Golo Mann gesagt hat. In den entscheidenden Jahren schien er ihnen Willen und Entschlossenheit darzustellen, ein aristokratisch gebändigter *furor teutonicus*, an dem sie die Eleganz der Sprache zu schätzen wußten. Wenn er über sie spottete, nahmen sie es ihm ebensowenig übel wie Wilhelm Busch, und an seinem Erfolg waren sie durch die Institution des Reserveoffiziers beteiligt. Die preußische Armee, die innerhalb kurzer Zeit mit den Österreichern gegen die Dänen, dann mit den Piemontesen gegen die Österreicher und schließlich mit den übrigen Deutschen erfolgreich gegen die Franzosen kämpfte, war, was ihre Führungskaste anbelangt, aristokratisch organisiert. Vergleicht man die Anzahl betitelter Herren in den 1866 bei Königgraetz einander gegenüberstehenden Heeren, so findet man das aristokratische Element in der preußischen Armee wesentlich stärker vertreten als in

der österreichischen; in dieser hatte die Verbürgerlichung, vor allem bei der Artillerie, früher eingesetzt. Die preußischen Herren führten eine hauptsächlich vom Lande rekrutierte Armee; sie kommandierten also Leute, deren Mentalität ihnen vertraut war und bei denen sie hohes Ansehen genossen. Die Siege wurden mit einer sozial homogenen Armee erfochten, deren Führung sich die Ergebnisse von Industrie und Wirtschaft nutzbar zu machen verstand – wie etwa zur selben Zeit die Samurais in Japan. Im Laufe der Entwicklung formte sich indes das Haltungsideal der Militärkaste reaktionär aus. Während es noch in den Freiheitskriegen jüdische Offiziere gab, konnte nun ein Baron Goldschmied-Rothschild zwar im diplomatischen Korps dienen; es erwies sich aber trotz allerhöchstem Wohlwollen als unmöglich, ihn zum Reserveoffizier zu machen. Fontane, des märkischen Adels Troubadour, spürte trotz seiner Neigung für die von ihm beschriebene Welt, daß die Zeit nicht stillstand und daß die Kluft nicht kleiner, sondern größer werde: „Über unseren Adel muß hinweggegangen werden; man kann ihn besuchen wie das ägyptische Museum und sich vor Ramses und Amenophis verneigen, aber das Land ihm zu Liebe regieren in dem Wahn: dieser Adel sei das Land – das ist unser Unglück, und solange dieser Zustand fortbesteht, ist an eine Fortentwicklung deutscher Macht und deutschen Ansehens nach außen gar nicht zu denken.“ Zum Zerfall alter Homogenität und zum Auftreten sozialer Spannungen kam ein weiteres: Mit der Thronbesteigung Wilhelms II. waren die alten preußischen Tugenden, Nüchternheit und Rationalität, war das stille, beharrliche Dienen aus der Mode gekommen.

„Blut und Eisen“, letzter Einsatz und ernstes Führen, Opfer und Einsicht waren, noch ehe Bismarck, der „treue Lotse“, vom Schiff gegangen, unmodern geworden. Pathos und Operette traten an ihre Stelle.

Vorhergehende Seite: Die Krönung Wilhelms zum König vom Preußen am 18. Oktober 1861 in Königsberg Die Photographie „nach der Natur" stammt vermutlich vom Zeichner der „London Illustrated News", Mr. Thomas (George Housman)

Links: Nach der Schlußsitzung des deutschen Fürsten-kongresses am 1. September 1863 in Frankfurt/Main stellten sich Kaiser Franz Joseph I. von Österreich, der dic Führung dcs Deutschen Bundes innehatte, und die übrigen 37 souveränen Fürsten und Vertreter der freien Städte dem königlich-bayerischen Hofphoto-graphen J. Albert

Der Kampf um die Düppeler Schanzen im Deutsch-Dänischen Krieg, 1864: Die verheerende Wirkung der modernen Waffen zeigt sich auch an der „Schanze VI“ · Schon kündigen sich die Materialschlachten des zwanzigsten Jahrhunderts an

Die deutsche
Corvette
„Arcona“ im
Deutsch-
Dänischen Krieg

Oben: Auf einer einzigen der Düppeler Schanzen lagen die Palisaden schräg
Rechts oben: Die IV. Schanze mit Blockhaus und erbeuteten glattläufigen Zwölfpfündern
Gut erkennbar sind die Zerstörungswirkungen an den seinerzeit für kugelsicher gehaltenen Blockhäusern durch die gezogenen preußischen Geschütze
Rechts unten: Am Deutsch-Dänischen Krieg (1864) nahm Österreich als Verbündeter Preußens teil · Das Bild zeigt eine gegen Fünen gerichtete, schwere Batterie der Österreicher

Oben: Der Schöpfer der strategischen Pläne der Einigungskriege war Helmuth von Moltke (1800–1891), der Chef des Generalstabes der Armee: Moltke in seinem Arbeitszimmer im Generalstabsgebäude, der sogenannten „Großen Bude", am Königsplatz in Berlin
Rechts: Preußisch-Österreichischer Krieg, 1866: Einzug der siegreichen Armee in Berlin und Dankgottesdienst bei der Berolina, 21. September 1866

Heimkehr der Truppen in Berlin und Empfang beim Brandenburger Tor am 20. September 1866
Photograph: Jamrath

Oben: Die Zerstörungen im Vorort St. Cloud bei der Belagerung von Paris im Deutsch-Französischen Krieg, 1870/71
Unten: Im Arsenal von Metz lagerten im Deutsch-Französischen Krieg Kanonenkugeln

Beutegeschütze in Nordfrankreich, 1870/71

Kriegsgefangenenlager in Koblenz während des Deutsch-Französischen Krieges · Aufnahme: Hofphotograph Kilger

Freiwillige Krankenpfleger, 1870/71

Der Generalstab im Quartier in St. Brice-Darc, 1870

Otto von Bismarck verband eine enge Freundschaft mit der berühmten Sängerin Pauline Lucca (geboren 1841, seit 1861 in Berlin, gestorben 1908)

Im Salon des Hotels Schwan in Frankfurt/Main unterzeichneten Fürst Bismarck
und Jules Favre am 10. Mai 1871 den Friedensvertrag
Photograph: Pohl

Die erste Sedan-Feier in Berlin vor dem Denkmal Friedrichs des Großen
am 30. September 1870 · Photograph: Senteck

Einzug der bayerischen Truppen in München nach ihrer Rückkehr aus dem französischen Feldzug (1871) · Zug vom Siegestor (Hintergrund) durch die Ludwigstraße zum Odeonsplatz
Photograph: J. Albert

Abordnungen der Gardelandwehrdivision (oben) und des Zweiten bayerischen Corps (unten) zur Kaiserproklamation im Spiegelsaal zu Versailles, 18. Jänner 1871

Oben: Empfang der im Juni 1871 aus dem Krieg heimkehrenden Truppen auf dem Roßmarkt in Frankfurt/Main · Photograph: Mohr
Folgende Seite: Souvenir aus dem Krieg 1870/71 mit den Namen der Schlachtenorte

METZ
TOUL
PARIS
DREUX
MADELAINE
BELLÊMES
ORLÉANS
MEUNG
BEAUGENCY
FRÉTEVAL
DUNEAU
LE MANS

MADE IN GERMANY

Man hat England einen „Klotz von Stahl auf einem Sockel von Kohle" genannt, um zu erklären, warum gerade dieses Land die industrielle Revolution mit einem so großen Vorsprung angeführt hat. Die gleichen Rohstoffe gab es aber auch in Deutschland. Lord Keynes stellte einmal fest: „Das Deutsche Kaiserreich ist weit eher auf Kohle und Eisen als auf Blut und Eisen aufgebaut." Ein Blick auf die relevanten Zahlen des Agrar-Industriestaates scheint das zu beweisen: Zwischen 1870/71 und 1914 wuchs die Eisenerzförderung von 5,3 Millionen auf über 19 Millionen Tonnen an; im ähnlichen Verhältnis auch die Stahlerzeugung. Die Steinkohlenproduktion stieg von 29 Millionen auf 190 Millionen Tonnen, die Pro-Kopf-Quote an Eisen von 46,3 auf 130 Kilogramm. Preußen hatte vor 1866 die schlachtentscheidenden Hinterlader aus England bezogen: 1870 betrug die deutsche Roheisengewinnung nur ein Fünftel der englischen, 1913 war sie beinahe doppelt so groß. Kohlen allerdings hatten die Engländer mehr: die Stein- und Braunkohlenproduktion betrug dort 292 Millionen Tonnen gegenüber 277 Millionen in Deutschland.

Was bedeuten diese Zahlen, die wahrscheinlich zu den am häufigsten zitierten Angaben der Nationalökonomen zu zeitgeschichtlichen Vorgängen gehören? Man hat nach dem Ersten Weltkrieg daraus abgeleitet, daß die Engländer im wirtschaftlichen Wettkampf zurückzufallen drohten und deshalb 1914 in den Krieg eintraten, um den Deutschen die Früchte ihrer sauren, harten Arbeit im letzten Augenblick zu rauben. Das ist vielfach geglaubt worden – wer wird nicht gerne der Früchte saurer Arbeit beraubt? –, aber man hat keinen Anhaltspunkt entdeckt, daß es vor allem wirtschaftliche Sorgen waren, die die Engländer in den Krieg trieben; und es gab auch keinen Anhaltspunkt, daß sie sich Gedanken gemacht haben, wie nach einem solchen Krieg ein freier Welthandel und Güteraustausch wiedereingeführt, Deutschland aber niedergehalten werden könnte.

Was noch läßt sich aus diesen Zahlen ableiten? Nun, da ist etwa zu vermerken, daß der Zollverein von 1834 weit weniger stimulierend gewirkt hat als die Reichsgründung von 1871. Erstaunlich ist ja, wie sprunghaft, heftig und unaufhaltsam diese Entwicklung vor sich gegangen ist, seitdem das erste Bessemer-Stahlwerk (1862) in Betrieb genommen wurde, seitdem Werner von Siemens und Carl Benz ihre Patente angemeldet hatten ... Aus kleinsten Orten wurden Industriezentren; wo ein paar Kähne gelegen hatten, entstanden Werften. Die Internationale Elektrotechnische Ausstellung – 1891 in Frankfurt – zeigte, was nun alles möglich geworden war. Der „Imperator" war der größte Dampfer der Welt, die Schwebebahn aus Barmen-Elberfeld könnte man für ein japanisches Projekt zur Lösung innerstädtischen Verkehrs halten: die Jahreszahl 1905 verblüfft.

Max Weber hat darauf hingewiesen, daß das Süddeutsch-Katholische das ökonomische Verhalten des Menschen anders prägt als das Norddeutsch-Calvinistische, das – etwas vereinfacht ausgedrückt – den materiellen Gewinn als Zeichen göttlicher Zustimmung für das Geleistete auffaßt. Das mag so sein. Aber es müssen andere Kräfte wirksam gewesen sein, und es ist auch nicht schwer, sie ausfindig zu machen: Die Bundesrepublik hat nach 1945 erfahren, wie

hart die Flüchtlinge zu arbeiten bereit waren, welche Entbehrungen sie dabei auf sich nahmen; hatte erfahren, daß Flüchtlingskinder in der Schule besser abschnitten als einheimische. Eine solche Durchsäuerung des Bodens gab es auch im Zweiten Kaiserreich, nur daß die „Flüchtlinge“ sich auf einer Binnenwanderung befanden ... von den Bauernhöfen und Gesindehäusern, wo mehr Kinder überlebten, in die Stadt, zu den Webstühlen und Hochöfen ..., in die Stadt, wo niemand sie kannte, wo niemand ihnen half, wo sie froh sein mußten, bei einem industriellen Gutsherrn Arbeit zu finden, etwa bei Alfred Krupp, bei dem man nun anzufragen hatte, wenn man sich verheiraten oder sonstwie verändern wollte. War es auf der einen Seite die große Not, so bot sich auf der anderen die große Hoffnung an, reich zu werden und mächtig und immer noch reicher, Unternehmungen zu sammeln und Besitze: noch gab es keine Einkommensteuer. Es war die Zeit der großen Bedrängnis; schlimmer sollte es nicht werden, aber es kam nicht zur Revolution, zu keinem Aufstand nach dem Muster der Pariser Kommune. Wohin hat die Kommune Frankreich geführt? Und es war die Zeit großen Hoffens; besser sollte es nicht werden. Nie wurden Vermögen rascher gegründet, nie wuchsen sie schneller in die Breite. Die Unternehmer sahen darin nicht allein privaten Spaß, sie sahen darin ein übergeordnetes Phänomen, sie legten nicht alles in Villen mit überhängenden Erkern über überhängenden Felsen an: eine riesige industrielle Gründüngung fand statt. Sie pflügten unter und nochmals unter und hatten Selbstbewußtsein genug, sich nicht allzusehr zu fürchten, nicht den großen Terror einzuführen und die schreckliche Furcht auf der anderen Seite. Diese beiden gewaltigen Kräfte haben einen Produktionsanstieg ungeheuerlichen Maßes herbeigeführt.

Seite 211: „Elektro-Mail-Coach“ von Vollmer und Kühlstein, 1900
Links: Der „Hammer-Fritz“, der erste bei Krupp in Essen (1861) eingeführte Dampfstielhammer

Köln Minden

Links: Walzwerk Oberhausen der „Gute Hoffnungs Hütte" in Oberhausen/Rheinland vor 1873
Aufnahme von Hofphotograph H. Günther, Berlin
Unten: Stollen in einem Kohlenbergwerk des Ruhrgebietes, um 1880

Walz- und Stahlwerk Neu-Oberhausen der
„Gute Hoffnungs Hütte“, um 1880

Zeppelin „Viktoria Luise" in München, 24. Oktober 1912 · Ehrengäste und Militär vor der Kajüte des auf dem Oberwiesenfeld gelandeten Luftschiffes · Photograph: A. Schmitz

9 Landung des ersten „Parseval"-Luftschiffes in München, 14. Oktober 1909

Otto Lilienthal beim Absprung vom Flugschuppen auf der Maihöhe in Steglitz, Frühjahr 1893

1 Otto Lilienthal bei einem Gleitflugversuch vom Fliegerberg in Lichterfelde-Ost, 16. August 1894

Flugtag in Frankfurt/Main: Der erste deutsche Überlandflug Frankfurt–Mannheim im August 1910
Links: Der Sieger Jeannin in seinem „Aviatik“
Rechts: Der Flieger Plochmann im Grade-Apparat während des Fluges über dem Startplatz

Folgende Doppelseite: Die Lokomotive „Brugg“, die im Jahre 1856 von Maffei in München gebaut wurde

BRUGG

Vorhergehende Doppelseite: Die Halle des Lehrter Bahnhofes in Berlin, 1872
Unten: Dampfomnibus der Firma Hermann Michaelis in Chemnitz, um 1890

chts: Schwebebahn Barmen-Elberfeld, 1905
ten: Dampfstraßenbahn der Süddeutschen
enbahn-Gesellschaft von Darmstadt in der
einstraße (nach Griesheim, Eberstadt und
heilgen), um 1900

Familie Rudolf Diesel, Giselastraße, München, 1897 · Rechts die Besucher Professor Souvage und F. Dyckhoff

en: Belegschaft der Firma Benz in der
fangszeit des Motorwagenbaues, 1894
ten: Carl und Clara Benz fahren im
nz-Viktoriawagen, 1893

Benz-Velo der Verlagsgesellschaft Katolik in Beuthen, Oberschlesien, 1896 2.

Geschäftswagen mit Elektroantrieb, Berlin, um 1900

Oben: Der „Erste Karlsruher Bicycle-Club von 1882“ bei einer Ausfahrt im Jahre 1887
Unten: Erster Automobil-Lastzug, 1903

Unten: Erste elektrische Lokomotive von Werner von Siemens mit Zug auf der Berliner Gewerbeausstellung, 1879

Benz-Rennwagen, 1900 · Dahinter: Benz-Comfortable, 1898

7 Alfred Krupp von Bohlen und Halbach mit seiner Gattin Bertha während der Flugwoche in Gelsenkirchen, 1913

Mercedes-Rennwagen im „Großen Preis von Frankreich“, 1914

Automobilsternfahrt nach Weimar · Photograph: Louis Held

Oben: Das Unterseeboot „Forelle", 1903
Rechts oben: Das für Rußland hergestellte Export-Unterseeboot „Forelle" der Krupp-Germania-Werft wird mit Hilfe eines Werftkranes in Kiel-Gaarden zu Wasser gebracht · 1903
Rechts unten: Frühe Tauchversuche W. S. Bauers (1822–1875). Bauer baute auch ein Unterseeboot

45 T.

Ausfahrt des damals größten Schiffes der Welt aus dem Hamburger Hafen: der Dampfer „Imperator“ der Hamburg-Amerika-Linie, 1913

Seite 244: Glaspalast in München während der Industrieausstellung 1854 Innenansicht
Seite 245: Internationale elektrotechnische Ausstellung 1891 in Frankfurt/Main
Seite 246: Der Zeppelin „Sachsen“ bei seiner Ankunft auf dem Flugplatz Mockau, 1913 · Im Hintergrund der Zeppelin „Viktoria Luise“

F. LEITENBERGER
STUTTGART

DER KAISER UND SEIN HOF

Die beiden Männer, die sich 1890 trennten, Bismarck und Wilhelm II., waren keine guten Verlierer. Bismarck tat alles, um seinem Nachfolger, dem lauteren, keinesfalls uneinsichtigen Grafen Caprivi, das Leben zur Hölle zu machen. Der Kaiser wurde unleidlich, wenn er beim Tennis verlor, bei Frauen kein Glück hatte oder keinen „allerhöchsten" Rehbock erlegte. Jeden Tag mußte Sonntag sein in Deutschland, das Volk seinen Schwanenritter ausreiten sehen, der Hof ihn bewundern.

„Dieses ewige Reden aus jedem erdenklichen Anlaß, dieses ewige Imponierstehen vor sich und der Welt, dieses eines gescheiten Menschen so unwürdige Hervorkehren des Ichs, diese echt Koburg'sche Schauspielerei!" beklagte die Baronin Spitzenberg in ihrem Tagebuch. Und Hofmarschall Graf Zedlitz-Trüschler erzählte einmal: „Der kleine Herzog von Sachsen-Koburg hatte neulich in der Bibliothek einen schweren Stand. Der Kaiser liebt es, seinen Spaß mit ihm zu treiben. Meist kommt es dabei aber so, daß der arme kleine Herzog eigentlich in regelrechter Weise verprügelt wird. Neulich waren nun außerdem seine Braut, die Prinzessin Viktoria ... zugegen; dies machte es dem armen kleinen Herzog wohl besonders peinlich." Auch der Zar von Bulgarien blieb von „Handstreichen" nicht verschont – Taktlosigkeit, die hier als „männlich" galt, läßt sich nicht erlernen. Der Vertreter des Auswärtigen Amtes, Kiderlen Wächter, berichtet von einer Nordlandreise: „Morgens machen wir mitsamt dem Kaiser gesundheitshalber ‚Freiübungen'. Ein ulkiger Anblick: wenn all die alten Kracher und Militärs gemeinsam die Kniebeuge machen müssen, mit verzerrten Gesichtern! Der Kaiser lacht manchmal laut auf und hilft mit Rippenstößen nach. Die alten Knaben tun dann so, als ob diese Auszeichnung ihnen Freude machen würde, ballen aber die Faust in der Tasche und schimpfen nachher über den Kaiser wie alte Weiber. Feige, verlogene Gesellen!"

Solche unerfreulichen Zeugnisse über Wilhelm und seinen Hof lassen sich unschwer vermehren. Es muß allerdings hinzugefügt werden, daß Wilhelm II. viele zu bezaubern verstand, unter ihnen Winston Churchill, der einmal Gast bei Kaisermanövern war; hinzugefügt werden muß auch, daß es ein glänzender Hof war, der dem Zeitgefühl durchaus entsprach, ja daß Wilhelm II. selbst, in seiner Unausgeglichenheit und seinem pubertären Drang nach ständig wechselnder, sich ständig gleichbleibender Selbstdarstellung, etwas zum

Ausdruck brachte, was dem damaligen Deutschland eigen war. Den Zeitgenossen schien er, vor allem nach dem unvermeidlich gewordenen Bruch mit Bismarck, das neue, industrielle, expansive Deutschland zu verkörpern. Ein kluger Mann wie Fontane sah da allerdings den tiefen Widerspruch: „Was mir an dem Kaiser gefällt, ist der totale Bruch mit dem Alten, und was mir an dem Kaiser nicht gefällt, ist das im Widerspruch dazu stehende Wiederherstellenwollen des Uralten." Solche Widersprüche, eine ganze Kette solcher Widersprüche, waren für den nicht unbegabten Mann charakteristisch, prägten das Leben an seinem Hof. Er war ein konstitutioneller Monarch, der vorgab, die „Verfassung nie gelesen zu haben, sie nicht zu kennen"; er machte Bismarcks Politik gegen die Sozialdemokraten nicht mit, sprach in sentimentaler Aufwallung, daß er auch der Kaiser der Ärmsten wäre, brachte aber einige Jahre später selbst eine Umsturzvorlage vor den Reichstag, die abgelehnt wurde, worauf er bemerkte: „Nun blieben noch die Feuerspritze für gewöhnliche und die Kartätschen für die letzte Instanz übrig. Wilhelm I. R." Er hang, wie die Hohenzollern vor ihm, am Militär, verpflichtete die Rekruten, auf seinen Befehl hin selbst die eigenen Verwandten, Brüder, ja Eltern niederzuschießen, war aber in Wirklichkeit nicht der Mann eines so furchtbaren Ernstes, sah vielmehr in Manövern nur die Gelegenheit einer großen Anzahl „allerhöchster" Siege. „Die Offiziere lernen nichts mehr", schreibt der preußische Oberjägermeister von Assenburg, „weil überall, wo der Kaiser sei, gesiegt werden müsse." Und diese Lächerlichkeit sei besonders vor den fremden Offizieren zu beklagen. Mit anderen Worten, der Kaiser war – wie sein boshafter Onkel Eduard VII. festgestellt hatte – „der glänzendste Fehlschlag in der Geschichte." Jahrzehntelang hat man hier nur das Wort „Fehlschlag" gelesen ... jetzt kommt auch der Glanz zu seinem Recht: es war ein glänzender Hof, es ging immer etwas vor dort, wurde immer etwas geboten, es gab viele schöne, kluge Frauen, die manchmal ihre Brust in eine Uniform zwängen mußten, und manch weniger schöne Intrige; es war ein Spiegel der Welt ringsum: aufwendig, protzig, unruhig, prahlsüchtig, pubertär, unternehmungslustig, im Grunde unsicher; annehmend, im Ernstfall könne man noch immer auf Älteres, Gediegeneres, weniger Wagemutiges zuruckfallen.

Das war sicherlich der größte Irrtum.

Bismarcks achtzigster Geburtstag am 26. März 1895
in Friedrichsruh im Sachsenwald (bei Hamburg)
Nach der Aussöhnung gratuliert Wilhelm II. an
der Spitze seiner Reiter · Neben Bismarck: der
dreizehnjährige Kronprinz

Wilhelm II. besucht Bismarck in Friedrichsruh · 30. Oktober 1888

Die Residenz der preußischen Könige, das königliche Schloß in Berlin, erbaut von Andreas Schlüter und Johann Friedrich Eosander · Im Vordergrund der Schloßplatz mit dem Reiterstandbild des Großen Kurfürsten

Besuch Wilhelm II. beim Garde-Grenadier-Regiment Kaiser Alexander in Potsdam, 1897
Vorne das Maskottchen, der Regimentsrabe

Wilhelm II. und seine Offiziere in historischen Kostümen · Neben dem Kaiser:
der Maler Adolph von Menzel (1815–1905)

Knicks der Hauswirtschaftsschülerinnen des Klosters Fischbeck beim Besuch des Kaiserpaares

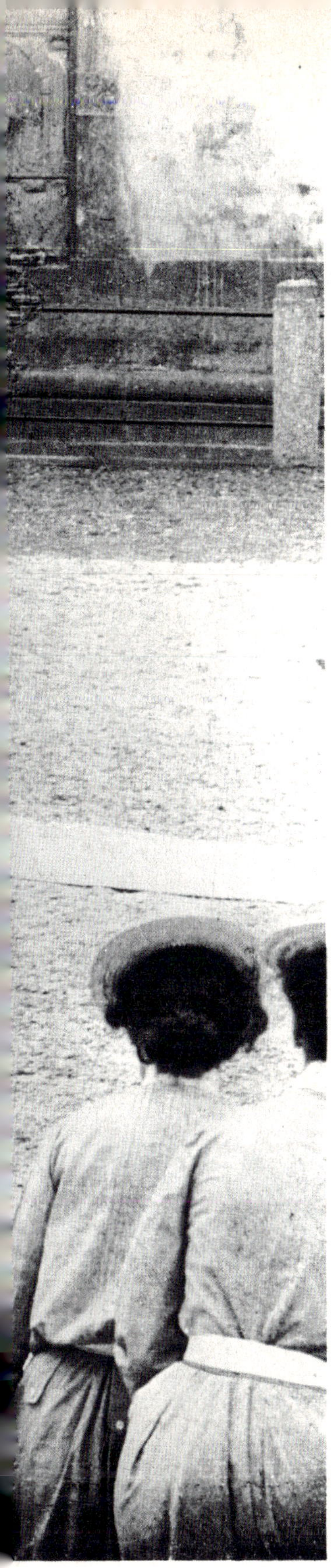

Wilhelm II. beim Altherrenabend im Hotel „Esplanade", Berlin 1912

Rechts: Das Kaiserzelt bei der Eröffnung des Nord-Ostsee-Kanals in Altona an der Elbe
Photograph: Johann Thiele
Unten: Wilhelm II. mit seinen sechs Söhnen auf dem Weg zur Ausgabe der Neujahrsparole 1914 · Photograph: Groas

Der Kronprinz beim Einkauf im Geschäft des Hoflieferanten Liebermann,
Unter den Linden, Berlin 1910

Kronprinz Wilhelm und Kronprinzessin Cäcilie verlassen nach der Taufe ihres ersten Sohnes das Marmorpalais, Potsdam 1906

Rechts: Die Kaiserin und Prinzessin August Wilhelm bei der Frühjahrsparade auf dem Tempelhofer Feld, Berlin, 14. Juni 1909
Unten: Der Kronprinz beim „Concours hippique" in Ruhleben, Berlin 1911

Die Kronprinzessin und Prinzessin Viktoria-Luise als Regimentsinhaberinnen

Die Hochzeit des Prinzen Heinrich in Potsdam · Der Prinz schreitet mit seiner Braut das angetretene Garderegiment ab

Rechts: Potsdam, 1892: Kronprinz Wilhelm von Preußen tritt, zehnjährig, als Leutnant in das Erste Garde-Regiment zu Fuß ein · Er begrüßt die Offiziere des Regiments
Folgende Seite: Prinzessin Viktoria-Luise bei ihrer Hochzeit mit Prinz Ernst August von Hannover am 24. Mai 1913 · Mit dieser Vermählung wurde der de jure noch herrschende Kriegszustand zwischen dem Haus Hannover und Preußen beendet
Unten: Enthüllung des Denkmals von Kaiser Wilhelm I. in Bahrenfeld, 1904 · Wilhelm II. trinkt auf das Wohl der Stadt Altona

DIE SCHIMMERNDE WEHR

Der Ausdruck „schimmernde Wehr“ ist nicht post festum ersonnen worden; er stammt von Wilhelm II. selbst und klingt nur deshalb apokryph, weil in ihm Fragwürdiges anklingt, Problematisches spürbar wird.

Das deutsche Heer, das 1914 ins Feld zog, soll das schönste gewesen sein, das die Geschichte gekannt hat. Im ersten „Aufbrausen“ wären selbst die sozialen Gegensätze, die schließlich das Ende herbeigezwungen haben, „wie vergessen“ gewesen. Auch das mag stimmen. Aber der Krieg ist kein makabrer Blumenkorso, in dem die schönste, schimmerndste Wehr den Preis davonträgt; dieser fällt jener Streitmacht zu, die für den besonderen Fall richtig dimensioniert, ausgerüstet und geführt gewesen ist. Die Problematik der „schimmernden Wehr“ lag in jenem Quentchen Unernst, Theatralischen, Kokett-Martialischen, das der Kaiser in das bis dahin so behäbig-ernste preußische Kriegswesen eingeführt hatte; sie lag des weiteren in dem Umstand, daß gerade in diesem Augenblick soldatische Prinzipien und militärisches Gehaben in das Zivile, in das Leben und die Politik eindrangen. Das bürgerliche Dasein wurde zu einer Unterform des militärischen, bezog von dort seinen Wert, wie die Bilder von Veteranenparaden, aber auch von Militärschwimmschulen so klar machen.

Bezeichnenderweise waren es gerade die Berufsmilitärs, die – zumindest in ihrem Fach – sehr deutlich den Einbruch des Dilettantischen registrierten. Der erste Nachfolger Moltkes als Chef des Generalstabes, Graf Waldersee, hat beispielsweise vermerkt: „Der Kaiser führte am 17., am 18. von Mittag an, am 19. und 20.ten; im vorigen Jahr ging alles noch weit besser. Jetzt war die Sicherheit gewachsen, aber auch die Überschätzung der eigenen Fähigkeiten. Nach meiner Überzeugung hat der Monarch ein gewisses Verständnis für Exerzierplatzbewegungen, nicht aber für die eigentliche Truppenleitung. Es fehlt jede Kriegserfahrung, woraus auch der Zweifel an der geringen Verwendungsfähigkeit der Kavallerie entspringt. Der Kaiser ist außerordentlich unruhig, jagt hin und her, ist viel zu weit vorn, in der Gefechtslinie ... gibt zahllose, sich oft widersprechende Befehle ... wünscht immer zu siegen und nimmt daher eine gegen ihn ausfallende Entscheidung der Schiedsrichter übel.“ Kein sehr günstiges Bild. Das ernsthafte Kriegsspiel war in ein Monarchenspiel, eine Souveräns-Freizeitgestaltung verwandelt worden: Daher die Freude an unpraktischen Uniformen, an immer mehr Helmbüschen und Harnischen und stolzen Pferden, an Frauen und Kindern in Uniform. Der kleine Kronprinz sieht im Kreise „seiner“ Offiziere recht naseweis drein, der Kronprinzessin Caecilia und der Prinzessin Victoria-Luise stand die Totenkopf-Uniform, weil sie hübsche junge Frauen waren; aber so gut ging das nicht immer aus. Mit Mühe konnte der Kaiser davon abgehalten werden, sein Lieblingsspiel auch im Ausland zu erproben. „Er wollte beispielsweise eines Tages ganz ohne Vorbereitung und ohne daß jemand davon wußte, nach Rußland fahren, sein russisches Regiment völlig überraschen, alarmieren, inspizieren“, erzählt sein Hofmarschall. Der Kontakt mit dem englischen Regiment, zu dessen Ehreninhaber man ihn gemacht hatte, erwies sich als so unbequem, daß man es lieber nach Indien versetzte. Was dem Kaiser blieb, war also, sich bei einem relativ einfachen Empfang des englischen Botschafters als großbritanni-

scher Admiral herauszuputzen. Hätten diese Absonderlichkeiten zu einer Auflockerung oder Ironisierung beigetragen, man hätte sie hinnehmen können. Aber davon war nicht die Rede. Der an sich nicht uneinsichtige Nachfolger Bismarcks, Graf Caprivi, schildert einmal, was ihn zur Übernahme des Hohen Amtes veranlaßt hat: „Wenn ich in der Schlacht an der Spitze meines zehnten Corps einen Befehl erhalte, von dem ich befürchte, daß bei Ausführung desselben das Corps, die Schlacht und ich selbst verloren gehen, und wenn die Vorstellung meiner sachlichen Bedenken keinen Erfolg hat, so bleibt mir doch nichts übrig, als den Befehl auszuführen und unterzugehen." Dazu Bismarck, überraschend modern: „Auf die Gesetzgebung, die Politik ... hat dieses auf seinem eigentlichen Gebiet bewundernswerte Element doch seine Gefahren; die heutige Politik eines Deutschen Reiches mit freier Presse, parlamentarischer Verfassung, im Drang der europäischen Schwierigkeiten, läßt sich nicht im Stile einer durch Generäle ausgeführten königlichen Order betreiben."

Der Kaiser selbst mag die Spannung zwischen äußerem Glanz und wirklicher Überzeugungskraft empfunden haben. Als es zur großen Auseinandersetzung kam, hat er die Sache wohlweislich den Kriegstechnikern überlassen, die ihn dann wohlweislich nach Holland abreisen ließen. Vorher hat er die Zweifel immer wieder bramarbasierend zu ersticken versucht. „Kommt ihr vor den Feind", sagte er zur Truppe, die sich nach der Ermordnung des deutschen Botschafters nach China einschiffte, „so wird derselbe geschlagen. Pardon wird nicht gegeben. Gefangene werden nicht gemacht. Wie vor tausend Jahren die Hunnen unter ihrem König Etzel sich einen Namen gemacht haben ..., so möge der Name Deutscher in China auf tausend Jahre durch euch in einer Weise bestätigt werden, daß niemals wieder ein Chinese es wagt, einen Deutschen auch nur scheel anzusehen."

Das deutsche Kontingent der „schimmernden Wehr" hat sich dann kaum anders verhalten als die übrigen Abteilungen der internationalen Truppe. Aber auch dieses „Spiel mit dem Grauen" gehört dazu, ist nicht wegzudenken von dem Begriff.

Vorhergehende Seite: Musikzug des Garderegiments bei der Parade vor Kaiser Wilhelm II. anläßlich seines Geburtstages
Rechts: Berlin 1909: Rekruten werden von Unteroffizieren am Bahnhof abgeholt und in die Kaserne gebracht

Oben: Parade am Tempelhofer Feld, Berlin 1908
Rechts: Militärische Neujahrsfeier in Berlin, 1912 · Vorbeimarsch der Fahnenkompanie
Folgende Doppelseite: Parade der Totenkopfhusaren vor Kaiser Wilhelm II.

Stapellauf des großen Kreuzers „Gneisenau“ von der Werft der Aktiengesellschaft „Weser“ · Bremen 1896
„Die Kaiserliche Marine, eine Schöpfung Kaiser Wilhelm II. („des Kaisers liebstes Spielzeug“) und Großadmirals von Tirpitz („die Ära Tirpitz“) war im Zusammenhang mit der Kolonialpolitik und der damit verbundenen allmählichen Gegnerschaft zu England letztlich ein Mittel des wilhelminischen Imperialismus.“

2

Taufe von S. M. S. „Kaiser Wilhelm II“ am 14. September 1897
durch Prinz Heinrich von Preußen in Wilhelmshaven

Sportliche Wettkämpfe des Militärs: „Semmelwettessen", Berlin 1910

1

Offiziere in der Tanzstunde, um 1900

Militär-Schwimmanstalt in Berlin 1910: Wenn man auch die Badehose vergißt, die Mütze bleibt am Kopf!

Vorbeimarsch von Veteranenvereinen *(links)* bzw. Reserveoffizieren *(rechts)* · Regenschirm und Spazierstöcke dienen als Säbelersatz

Wachablösung an der „Neuen Wache“ Unter den Linden, Berlin 1911

Oben: Vorbeimarsch von Veteranen des Ersten Garde-Regiments am aktiven Regiment
Folgende Seite: Das Erste Garde-Regiment zu Fuß bei einer Parade, Potsdam 1896 · Am rechten Flügel der vierzehnjährige Kronprinz als Offizier

DIE REICHSHAUPT-STADT

Wie oft war ich eigentlich in Berlin? Sicherlich ein Dutzend Mal, wahrscheinlich öfter. Bei den Olympischen Spielen, dann als die Ausländer ihre Koffer packten, dann als die Bomben fielen, dann als der Schutt weggeräumt wurde und neue Siedlungen entstanden, dann als die Mauer gebaut wurde. Das Idiom war mir vertraut, hart, gallig, direkt – mit unerwarteten Wendungen ins Menschliche; die Küche schreckte mich nicht ab, viel Kohl, viel Kartoffeln, viel Buletten, das Klima schien mir erregend-belebend ... ich war freilich immer als Fremder dort. Was das Inhaltliche anbelangt, so möchte ich Horst Krüger beipflichten, der einmal geschrieben hat: „Für mich ist es noch immer Deutschland, sein Schmelztiegel, seine geistige Mitte, seine spröde märkische Mittelmäßigkeit, viele Ansätze, viele Aufschwünge und was da, verkorckst, so hängenblieb in unserer Geschichte: Aufklärung und französischer Geist, Urbanität und preußischer Drill, Liberalität und Muffigkeit, hier ist alles zu besichtigen: vom Großen Kurfürsten bis zu den tortenschleckenden Damen am Kurfürstendamm." Mir erscheint es nur integrierter, nicht so leicht aufzulösen, eingebettet all dies in Stein und Leben, Menschen und Gebäuden. Gewiß lassen sich einzelne Linien entdecken, Fäden herausziehen. Berlin erlebte etwa zu Beginn des Jahrhunderts einen Höhepunkt funktioneller Architektur, die auch später immer wieder durchschlug. Das „Shell-Haus" (1931), ein von Oscar Niemeyer erbautes Wohnhaus im neuen Hansaviertel, oder ein Neubau hinter der Ruine des Anhalter Bahnhofs: da ist die Ähnlichkeit der Baugesinnung auffallend. Aber in all dem ist mehr zu suchen, mehr zu entdecken als bloße Ähnlichkeit. Berlin ist keine schöne Stadt, wenn man darunter, wie etwa in Prag, die dramatische Überhöhung gegebener Möglichkeiten versteht; aber es ist großräumig, weltstädtisch angenehm, mit schönen Durchblicken und Ausblicken: Der Platz vor dem Brandenburger Tor von der Königgraetzer Straße aus gesehen – unsere Aufnahme stammt aus

dem Jahr 1899 –, die Spree mit den beiden Brücken – hier ist das Datum 1901 – oder die Potsdamer Brücke von der Königin-Augusta-Straße aus, die Jahreszahl ist wieder 1899. Berlin hat keine intensive Atmosphäre, wie man sie in Pariser Vierteln antrifft; aber Karl Kraus hat uns gewarnt, solches von einer modernen Stadt zu erwarten; da sehe man besser auf Administration und Kanalisation – gemütlich wäre er selbst. Nun ja. Die alte Reichshauptstadt bot dafür gelassene Toleranz, eine schöne Selbstverständlichkeit, mit der sich's leben ließ. Sie ist keinesfalls mit Spannungslosigkeit zu verwechseln. Die Leute etwa, die 1912 gegen das Drei-Klassen-Wahlrecht protestierten, sehen bürgerlich genug aus mit ihren Strohhüten und Melonen; sie galten trotzdem als „Revolutionäre" oder gar als „vaterlandslose Gesellen" ... die Holzsammlerinnen haben sich selbst vor den Wagen gespannt, um die schwere Last zu ziehen; in den Sportvereinen trainierten junge Männer, die sich allmählich ihrer „Kraft" bewußt wurden; das Wählen war eine ernste Sache, zu der man den Sonntagsstaat anlegte; der Andrang zur „Freibank" beweist, daß die Teuerungswelle der Jahrhundertwende den Hausfrauen zu schaffen machte; die drei jungen Damen bei dem Picknick im Grunewald zeigen einen spöttisch-herausfordernden Zug, der wie eine Vorwegnahme von „Womans Lib" wirkt – nur der Festzug junger Mädchen zum fünfundzwanzigjährigen Regierungsjubiläum des Kaisers (fast hätten wir BDM-Mädchen gesagt, Sie werden sehen, warum) und die schöne Eleganz der sich zu einer Ausstellung begebenden Kronprinzessin entsprechen Klischee-Erwartungen. Berlin – Porträt einer Stadt, wie man so schön sagt? Wohlabgerundet ... auf alles wurde Bedacht genommen? Mitnichten. Vielmehr: Momentaufnahmen, Einzelaspekte, Dinge, die es gilt zusammenzufügen, zu überlegen, zu bedenken, nachzubedenken. Vielleicht daß dann ein Bild in uns entsteht, das anders ist als die Summe von Photographien ... ein Bild von Berlin, über Berlin.

H.A. Bolle

Oben: Der Schloßplatz mit dem Zeughaus, 1892
Rechts: Markttag auf dem Gendarmenmarkt, um 1880
Vorhergehende Doppelseite: Der Platz vor dem Brandenburger Tor mit dem Reichstagsgebäude · Photograph: Waldemar Tietzenthaler, 1899

HOTEL
L. HORN.
Schuh
Stiefel

Wintergarten im Centralhotel · Photograph: Albert Schwartz

7 Das Oranienburger Tor · Im Hintergrund rechts: der Eingang zu den Borsig-Werken · Photograph: Albert Schwartz

Die Potsdamer Brücke, von der Königin-Augusta-Straße aus gesehen, 1898

Die Sperlingsgasse an der Friedrichsgracht · Photograph: Waldemar Tietzenthaler, 1909

Die Spree · Friedrich-Brücke und Kaiser-Wilhelm-Brücke, links die Börse, rechts der Dom
Photograph: Waldemar Tietzenthaler

1

Der Anhalter Bahnhof (erbaut 1875–1880)
Aufnahme um 1880/81

Pferdebahnen in der Leipzigerstraße
Photograph: Waldemar Tietzenthaler, 1897

Kaffee Klose
Kosmin
983
Halensee
604

Unter den Linden – Ecke Friedrichstraße · Photograph: Max Missmann, 1909

OTEL
KODAK
RÜGER
Hallesches Tor
Metropol

Bergschloss
Gesellschafts-Anzüge

Links: Die Haltestelle Prinzenstraße der elektrischen Hochbahn, um 1900
Unten: „Sight-seeing-Bus" um 1910/12 · Photograph: Hoffmann

Sedan-Tag in der Siegesallee 1914 · Photograph: Waldemar Tietzenthaler

Eine Fahnenweihe „Unter den Linden", um 1895: Blick hinter die Kulissen

Fünfundzwanzigjähriges Regierungsjubiläum von Kaiser Wilhelm II., 1913
Linke Seite: Fähnchen mit dem Bild des Kaiserpaares werden verkauft
Unten: Festzug junger Mädchen über die Schloßbrücke zur Huldigung vor dem Schloß

Freibank.

Oben: Ankunft von „Sachsengängern" auf einem Berliner Bahnhof · Sachsengänger nannte man die blutarmen Landarbeiter aus dem Osten Deutschlands, die zur Erntezeit nach dem „Westen" nach Sachsen zur Arbeit fuhren, da sie dort mehr Lohn erhielten
Photograph: Haeckel, 1909

Links: Fleischteuerung 1905 · Billiges Fleisch für die arbeitende Bevölkerung gab es nur in der Freibank, wo „minderwertiges und bedingt taugliches Fleisch" abgegeben wurde

Das Elend der niederen Schichten:
Oben: Holzsammlerinnen ziehen ihre Leiterwagen über den Exerzierplatz in Charlottenburg, 1900 · Der Maler Heinrich Zille hat diese Welt in einer Reihe von Photographien festgehalten
Rechts: Markt auf dem Friedrich-Karl-Platz (heute: Klausener-Platz) in Charlottenburg
Photographiert von Heinrich Zille, um 1900

Oben: Schuhmacherwerkstatt · Photographiert von Heinrich Zille, 1900
Links: Kinder an der Knobelsdorff-Brücke in Charlottenburg
Photographiert von Heinrich Zille, 1900

Destillation.
Wilhelm Knötzsch.
Amalien St.
Rum.
Arac.
Cognac.
FEINE
Liqueure
Nordh
Grogk
Glühwein
Selter
und
Destillation
Parliewaren
Carl Thier

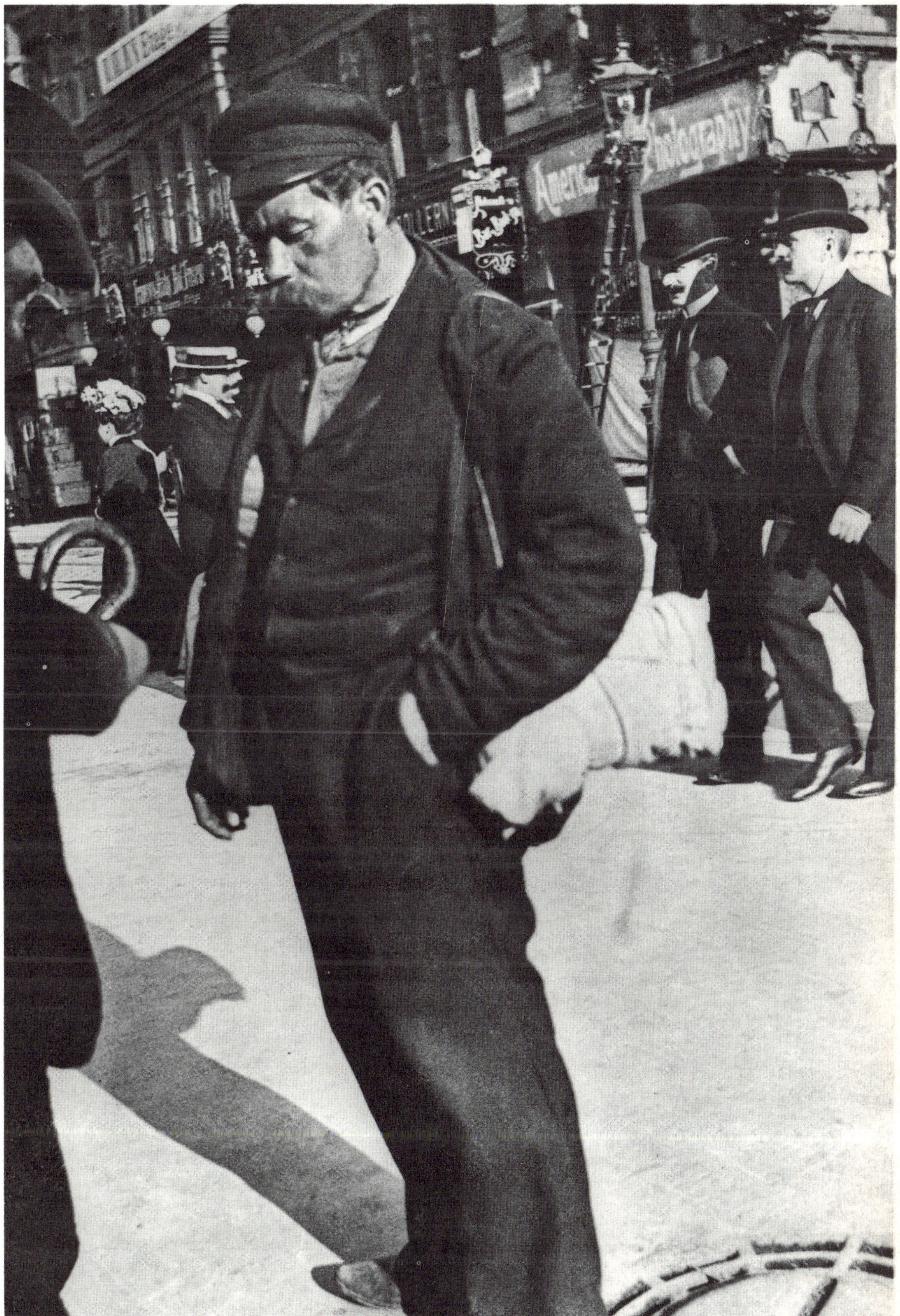

Links: Kneipe an der Ecke Hirtenstraße-Amalienstraße Photographiert von Heinrich Zille, um 1900
Rechts: Straßenszene in Charlottenburg · Photographiert von Heinrich Zille, um 1900

Links: Damen in „Promenadenkleidern" auf dem Rennplatz, um 1905
Unten: „Spreewaldammen" im Tiergarten, 1901

Eröffnung der Ausstellung „Der Strauß“: Kronprinzessin Cäcilie
mit Begleiterinnen auf dem Weg zur Eröffnungsfeier

Mädchen im Grunewald

Berlin fährt in die Ferien! Um 1905

Friedrichstraße, Ecke Leipzigerstraße, 1913

Rechts: Umzug der Gastwirt-Genossenschaft anläßlich eines Jubiläums, 14. Oktober 1901
Unten: Plakatträger (Sandwichman), Unter den Linden, um 1900

Rechts: Kundgebung der Sozialdemokraten gegen das Drei-Klassen-Wahlrecht
Redner: Richard Fischer · 1911/12
Folgende Seite: Pressephotograph, 1910
Unten: Reichstagswahl 1912: Der Untertan vor der Wahlurne

Presse-

Über alte Photographien . . .

In einem Buch, das alte Photographien aus dem vorigen Jahrhundert zeigt, scheint es notwendig, etwas über die Anfänge der Photographie selbst zu erzählen, jener Erfindung, die so entscheidenden Einfluß auf unsere Welt hat.

Unter vielen Bildern lesen wir die Bezeichnung „Daguerreotypie". Der Mann, nach dem das Verfahren heißt, Louis J. M. Daguerre aus Paris, galt mehr als hundert Jahre lang als Erfinder der Photographie. Er ist es aber nicht. In der kleinen Ortschaft Saint-Loup-de-Varennes in Frankreich steht ein Gedenkstein mit der Inschrift: „Dans ce village Nicéphore Niepce inventa la Photographie en 1822". Niepce gilt heute unbestritten als der Erfinder, allein schon durch seine Idee, eine mit Judäa-Asphalt beschichtete Glasplatte in einer Camera obscura zu belichten und die Natur sich selbst mit Hilfe des Lichtes abbilden zu lassen. Von den ersten Versuchen ist nichts mehr erhalten, aber 1952 fand der Sammler Gernsheim nach jahrelangem Suchen eine Aufnahme aus dem Jahre 1826, die acht Stunden belichtet worden war. Brauchbar war das Verfahren aber noch nicht.

Im Jahre 1829 schloß Niepce mit Daguerre, der ebenfalls Versuche mit der Camera obscura gemacht hatte, jenen berühmten Vertrag, in dem er ihn zur Vervollkommnung eines von ihm, Niepce, entdeckten „Verfahrens zur Fixierung von Abbildern der Natur ohne Mitwirkung eines Künstlers" als Teilhaber einlud. Jeder arbeitete für sich an Verbesserungen, die Daguerre gelangen, indem er Versuche mit Jod in Verbindung mit Silbersalzen machte. Niepce starb 1833. Mit dessen Sohn schloß Daguerre 1837 einen neuen Vertrag, der ihm Vorrang gab; die Erfindung hieß nun „Daguerreotypie". Daguerre interessierte den Physiker Arago dafür, der sofort die ungeheuere Bedeutung erkannte. Auf sein Betreiben hin kaufte die französische Regierung die Rechte, und in einer historischen Sitzung der Akademie der Wissenschaften am 19. August 1839 wurde das Verfahren öffentlich bekanntgegeben und der Welt geschenkt. Die Daguerreotypie ergab ein sehr fein abgestuftes, seitenverkehrtes Bild auf einer hochglanzpolierten Silberplatte, das wegen der spiegelnden Oberfläche nur bei einem bestimmten Lichteinfall zu sehen war. Sie war ein Unikat, erlaubte also keine Kopie und verblaßte mit der Zeit unter Lichteinwirkung. Außerdem war die Schicht sehr leicht verwischbar. So erklärt sich der heute geringe Bestand. Die schönsten in Deutschland vorhandenen Stücke sind im ersten Kapitel wiedergegeben.

Zur gleichen Zeit arbeiteten in England Fox Talbot, in Deutschland Franz von Kobell und Karl August von Steinheil in München an photographischen Verfahren. Während die beiden deutschen Gelehrten ihre Arbeit bei Bekanntwerden der Daguerreotypie einstellten, meldete Talbot sein Verfahren an – seit 1841 Kalotypie. Es basierte auf einem Kopierprozeß – also der richtige Weg – von einem Papiernegativ, das mittels Wachs durchscheinend gemacht wurde. Durch den Papierfilz gingen Feinheiten und Schärfe beim Kopieren verloren, aber in künstlerischer Hinsicht verdanken wir eben diesem Mangel Meisterwerke.

Vorerst aber machte die Daguerreotypie das Rennen. Schon die erste Ankündigung des kommenden Verfahrens im Jänner 1839 war eine Sensation gewesen. Der Maler DeLaroche rief nach einem Besuch bei Daguerre: „Von heute an ist die Malerei tot". Nach der Sitzung in Paris breitete sich die Erfindung mit unerhörter Schnelligkeit über Europa und Amerika aus. Daguerre ließ durch Giroux in Paris die Kameras liefern. Preußens König verlieh ihm den preußischen Verdienstorden. Schon drei Wochen nach der Verkündung baute der Optiker Dörffel in Berlin die ersten Kameras. Sofort setzten auch Versuche ein, die Platten lichtempfindlicher zu machen, um die langen Belichtungszeiten – fünfzehn bis dreißig Minuten – herabzusetzen. Der Mathematikprofessor Petzval in Wien errechnete in wenigen Monaten das nach ihm benannte Objektiv mit der ungeheuren Lichtstärke von 1:3,7, das in der Folge jahrzehntelang in Gebrauch war. Vielleicht sagen uns die damaligen Porträts gerade deshalb so viel, weil bei so langen Belichtungszeiten ein Posieren einfach unmöglich war.

Im Jahre 1851 entstand durch den Engländer Archer ein echtes Kopierverfahren Glasplatte–Papier, das sogenannte „nasse Kollodiumverfahren". Die Plattenschicht mußte an Ort und Stelle gegossen, naß belichtet und sofort entwickelt werden. Die Photographen hatten Zelte oder Wagen mit, das Gepäck betrug bis zu 54 Kilogramm – um so erstaunlicher die Leistungen.

Erst 1873 kam die Trockenplatte, von Maddox erfunden; 1884 machte Eastman den gerollten Papierstreifen, den seinerzeit schon Steinheil verwendete, populär, und der amerikanische Geistliche Goodwin erfand 1887 den Rollfilm auf Zelluloidunterlage. Der Weg zum Massenmittel hatte begonnen.

Bildquellennachweis

Staatsbibliothek Berlin/Bildarchiv

20, 25, 33, 38, 58 (2), 84 (2), 110/11, 112, 113, 122, 148, 169, 172, 173, 174/75, 176, 177, 178, 183, 186/87, 190, 191 (2), 192, 196 (2), 197, 201, 202, 204, 206 (2), 215, 250/51, 252, 254, 276/77, 295, 323, 324

Landesbildstelle Berlin

123, 226/27, 260, 280, 282/83, 284, 285, 287, 292/93, 298/99, 300, 301, 302/03, 304, 310, 313, 327, 328, 330, 331, 333

Märkisches Museum, Berlin (DDR)

109, 119, 122/23, 124, 193, 194/95, 274, 286, 296, 297, 305, 306/07, 315

Ullstein Bilderdienst, Berlin

255, 257, 265, 271, 291, 294, 309, 311, 314, 325, 329, Umschlagbild

Stadtmuseum Braunschweig

39, 149 (2)

Focke-Museum Bremen

138, 139, 140 (6), 141, 142, 143

Technische Universität Dresden

125, 156/57, 158/59, 160/61, 162, 166, 167, 170 (4), 171

Deutsche Fotothek, Dresden

163, 165

Stadtmuseum Düsseldorf

79

Historisches Museum, Frankfurt am Main

66, 67, 68/69, 70, 71, 72, 73, 74, 75, 184/85, 200, 203, 207, 222, 223

Bavaria Verlag, Gauting vor München

40/41, 312, 326

Staatliche Landesbildstelle Hamburg

24, 31, 34, 35, 70, 71, 88 (2), 89, 90 (3), 91, 92, 93, 96, 101, 104, 105, 106/07, 108, 114, 115, 118, 120 (2), 121, 126, 127, 162, 164, 168

Museum für Hamburgische Geschichte

29, 94, 95, 97, 98 (2), 99, 100, 102/03, 242/43

Fackelträgerverlag, Hannover

253, 268, 316, 317, 318, 319, 320, 321

Historisches Museum, Hannover

144, 145, 146, 147

Archiv der Stadt Kassel

150, 151

Mittelrheinmuseum Koblenz

22/23, 77, 198/99

Rheinisches Bildarchiv Köln

80/81, 82, 83

Museum für Geschichte der Stadt Leipzig

152, 153, 154, 155

St. Annenmuseum Lübeck/ Fotoarchiv

128, 129, 130/31, 132, 133, 134 (4), 135, 136, 137, 208

Deutsche Schillergesellschaft Marbach

37

Deutsches Museum, München

30, 32, 76 (2), 211, 218, 219, 220, 221, 224/25, 228, 229 (2), 230, 231 (2), 232, 233, 234, 234/35, 235, 236, 238, 240, 241, 244, 245, 246, 308

Münchner Stadtmuseum

26/27, 28, 42, 43, 44, 45, 46, 47, 48, 49, 50, 51, 52 (2), 53, 54, 55, 56/57, 59, 60, 205, 218

Bilderdienst Süddeutscher Verlag, München

188/89, 261, 262, 263, 267, 275, 278, 279, 281, 288, 322

Willi Menges, St. Goarshausen

78

Stadtarchiv Stuttgart

21, 36, 61, 62/63, 64, 65

Louis Held, Weimar

239

Historisches Archiv Gute-Hoffnungs-Hütte

85, 86/87, 214, 216/17

Zeitschrift „Daheim"

272/73

Krupparchiv

212/13

Archiv Bodo Herzog

241

Franz Hubmann, Wien

104, 116/17, 256, 258, 259, 264, 266

Allen Museen, Archiven, Bibliotheken und sonstigen Instituten, vor allem ihren Direktoren und Mitarbeitern, sowie allen Einzelpersonen, ohne deren großzügige Hilfe dieses Buch nie zustande gekommen wäre, möchte ich meinen innigsten Dank sagen. Bei ihrer großen Anzahl kann eine namentliche Nennung leider nicht erfolgen. Ich bitte Sie auch bei meinen weiteren Arbeiten um Ihre Unterstützung.

Franz Hubmann